U0839460

Halford J. Mackinder

THE SCOPE AND METHODS OF GEOGRAPHY

and

THE GEOGRAPHICAL PIVOT OF HISTORY

The Royal Geographical Society, London, 1951
根据伦敦英国皇家地理学会1951年版本译出

汉译世界学术名著丛书
（120年纪念版·珍藏本）
出版说明

2017年2月11日，商务印书馆迎来120岁的生日。120年前，商务印书馆前贤怀揣文化救国的理想，抱持“昌明教育，开启民智”的使命，立足本土，放眼寰宇，以出版为津梁，沟通中西，为中国、为世界提供最富智慧的思想文化成果。无论世事白云苍狗，潮流左右激荡，甚至战火硝烟弥漫，始终践行学术报国之志，无改初心。

迻译世界各国学术名著，即其一端。早在20世纪初年便出版《原富》《天演论》等影响至今的代表性著作，1950年代后更致力于外国哲学和社会科学经典的译介，及至1980年代，辑为“汉译世界学术名著丛书”，汇涓为流，蔚为大观。丛书自1981年开始出版，历时三十余年，迄今已推出七百种，是我国现代出版史上规模最大、最为重要的学术翻译工程。

丛书所选之书，立场观点不囿于一派，学科领域不限于一门，皆为文明开启以来，各时代、各国家、各民族的思想与文化精粹，代表着人类已经到达过的精神境界。丛书系统译介世界学术经典，引领时代思想，为本土原创学术的发展提供丰富的文化滋养，为推动中国现代学术和现代化进程做出了突出的贡献。

为纪念商务印书馆成立 120 周年，我们整体推出“汉译世界学术名著丛书”120 年纪念版的珍藏本，寄望既利于文化积累，又便于研读查考，同时向长期支持丛书出版的译者、编者和读者致以敬意。

两甲子后的今天，商务印书馆又站在了一个新的历史时间节点上。我们不仅要铭记先辈的身影和足迹，更须让我们的步伐充满新的时代精神。这是商务人代代相传的事业，更是与国家和民族的命运始终紧密相连的事业。我们责无旁贷，必须做好我们这代人的传承与创造，让我们的努力和成果不仅凝聚成民族文化的记忆，还能成为后来人可以接续的事业。唯此，才能不负前贤，无愧来者。

商务印书馆编辑部

2017 年 10 月

译 者 前 言

本书包括英国近代地理学鼻祖哈·麦金德的两篇论文:《地理学的范围和方法》与《历史的地理枢纽》。两篇文章虽然都不很长,影响却广泛而深远,特别是后者,我们就以它作为书名。

这两篇文章都是在英国皇家地理学会宣读的。《地理学的范围和方法》在 1887 年 1 月份宣读,立即在英国引起了很大的反应,把英国的地理教学推到一个新的阶段,并奠定了今日英国地理学的思想基础。这篇论文被认为是英国地理学的一篇经典文献。《历史的地理枢纽》于 1904 年 1 月份在英国皇家地理学会宣读,则影响到世界政治。八十年代初,一个美国人把此文与达尔文的《物种起源》、马尔萨斯的《人口论》、爱因斯坦的《相对论》、潘恩的《常识》等十五种书并列,称为"十六本改变世界"的"巨著"。

《历史的地理枢纽》这篇论文所以能影响世界政治,被人们作出这种或那种评价,是因为麦金德在文章中提出了"心脏地带"的论点。他是第一个以全球战略观念来分析世界政治力量的人。他的观点得到德国纳粹地理学家豪斯霍费尔的赞赏,成为德国地缘政治学的思想来源之一。麦金德后来为自己辩解说:在他宣读这篇论文的时候,"远远在有任何纳粹政党问题之前"。但是,我们知道,思想的传播是不受时间和空间的约束的。

这篇论文是地理学史上争论很多的文章之一。对于这一点，我们认为联系麦金德宣读这篇论文时的历史背景来进行分析是很有必要的。当时，大英帝国正处于积极向外扩张、殖民的势头上，麦金德的这篇论文无疑从英国争霸世界的考虑出发，因而，在论文宣读以后进行讨论时，有人为“会议室里”“一部分座位并没有内阁成员在座”而“感到遗憾”。

如何看待地理环境与人类的关系是地理学中的重大问题，麦金德在这两篇论文中，显然强调了地理环境的支配作用。

这两篇论文都是西方地理学的名作，它们有很多偏见，但是集中了一个时代、一个阶级的思想，成为一种思潮的代表，值得我们去涉猎，去剖析，去研究，因而，我们特把全文译出。吉尔伯特的《引言》，对麦金德的生平和麦金德作这两次演说时的背景，提供了第一手的材料，有助于我们深入研究这两篇论文。

在此书即将交付印刷厂之际，我们写了这篇简短的《译者前言》，它并不是对麦金德这两篇论文的具体分析，只是在翻译过程中的一点看法，写出来供读者参考而已。最后，承河北师范大学葛以德教授对本书的某些部分给予仔细校订，谨在此表示深切的谢意。

1984 年 12 月

目　次

引　言

E. W. 吉尔伯特

这本小册子是哈尔福德·麦金德爵士两篇论文的重印本。这两篇论文都是向皇家地理学会宣读的，第一篇在1887年，第二篇在1904年，两篇论文都产生了巨大影响，第一篇是关于英国的地理教学；第二篇涉及许多国家的地理学思想，甚至涉及国际关系的问题。现在予以重印，是因为除了在整套《学会年报》（*Proceedings*）和在整套《地理杂志》（*Geographical Journal*）中外，就很难找到这两篇论文了。这篇《引言》旨在对麦金德一生的主要事实勾画出一个轮廓[①]，然后再略述一下宣读这两篇著名论文时的情况，以及宣读后的讨论摘要；对麦金德以后发展他的"枢纽地区"思想和这一思想对某些德国作者所产生的影响，也作些简要的叙述。

哈尔福德·约翰·麦金德，一位乡村医生的长子，1861年2月15日出生于林肯郡的盖恩斯巴勒。他对公共事务的最早回忆可以追溯到1870年9月的某一天，当时，作为一个刚刚在盖恩斯

① 哈尔福德·麦金德爵士的讣告刊登在1947年3月8日《泰晤士报》（*Times*）上；以及《地理杂志》第110期（1947）第94—99页，作者E. W. 吉尔伯特（Gilbert）；《自然》（*Nature*）杂志第159期（1947）第530—531页，作者L. 达德利·斯坦普（Dudley Stamp）；《地理》（*Geography*）第32期（1947）第136—137页，作者希尔达·奥姆斯比（Hilda Ormsby）。

巴勒中学上学的小小走读男生，他给家里带来了拿破仑三世和他的全军在色当投降普鲁士的消息，这个消息是他从贴在邮局门上的电报中得知的。他还记得挂在他家书房里一张著名的海军交战图，那是1862年3月在第一艘装甲军舰“梅里麦号”(Merrimac)和第一艘炮塔炮舰“班长号”(Monitor)之间进行的。

1874年，他被送到埃普索姆学院学习，他父亲想要他成为一名医生。1880年，牛津基督教教会向他提供一笔为期五年的物理学初级奖学金，同年10月他进入牛津大学。在这所大学里他走过一段光辉的历程，攻读过两个荣誉的学科——自然科学和近代史，曾担任该校学生俱乐部的主席，并在内殿(Inner Temple)[①]获得律师资格。

从1885年起，他和一位同属于基督教教会的朋友迈克尔·萨德勒(Michael Sadler)一起参加牛津大学的扩展运动。他于1885年冬天和1886年周游全国，以一个美以美教会传教士的全部热情，宣讲他所称为的“新地理学”。在皇家地理学会几名著名成员听到这些宣讲之后，邀请他去作一次《地理学的范围和方法》的报告。现在这里重印的就是这篇报告。在麦金德宣读论文后只有几星期，牛津大学就决定在地理学方面设立一个为期五年、薪水300英镑的讲师席位，由学会每年捐助150英镑。1887年7月，麦金德被委任为这一讲师新职。他担任牛津大学这个职务一直到1905年。由于他多方面的努力以及来自皇家地理学会相当大的财政支持，牛津大学于1899年创立了地理系。麦金德担任这个机构——英国第一个地理

① 现为法学协会。——译者

系——的主任,这是一个教员能够受到培训、并且可以获得具有公认资格的地方。牛津大学的扩展运动在雷丁特别成功,1892 年基督教教会推选麦金德取得奖学金,并推荐他去雷丁工作。同年雷丁学院开办,麦金德作为该院院长一直工作到 1903 年。正如麦金德自称的那样,他是一名“兼职人员”;他在牛津大学和雷丁学院担任职务的同时,从 1895 年起还在伦敦大学担任教师职务。这项职务最后成为伦敦经济学院(伦敦经济学院系伦敦大学的附属学院——译者)经济地理学的一个讲师席位,而麦金德一直到 1925 年才最后在伦敦大学的教学岗位上退休[①]。从 1903 年 12 月到 1908 年,他还担任伦敦经济学院院长。多年来,麦金德确实集中他的主要精力,力图使地理教学成为牛津大学、雷丁学院和伦敦大学的一门主课;但同时也不能忘记,他的地理工作并不完全是学院性的,因为他在 1899 年夏天还首次登上了肯尼亚山[②]。

麦金德自从早期在牛津大学担任学生俱乐部的工作以来,对政治一直怀有强烈的兴趣。他在学术研究方面的兴趣以及在应用他的地理学思想于政治的方法,在重印于此的第二篇论文《历史

① 1923 年伦敦大学授予麦金德个人以教授的头衔,但伦敦经济学院直到 1925 年麦金德退休之后,才建立地理学讲座。

② 关于探险的报告,详见 H. J. 麦金德著《到英属东非肯尼亚山山顶的旅行》(A Journey to the Summit of Mount Kenya, British East Africa. 按:肯尼亚现已独立。——译者),《地理杂志》第 15 期(1900)第 453—476 页;《登上肯尼亚山》(The Ascent of Mount Kenya),《登山杂志》(*Alpine Journal*)第 20 期(1900—1901)第 102—110 页。1930 年,麦金德还就这次旅行向英国皇家地理学会作了一次简短而生动的报告(《1899 年在肯尼亚山》(Mount Kenya in 1899),《地理杂志》第 76 期(1930)第 529—534 页)。这篇文章是英国探险家在探险史上关于特殊事件的一系列演说中的一篇,而且成为皇家地理学会一百周年庆祝活动的一个组成部分。

的地理枢纽》中都有例证,这篇论文在1904年1月曾向皇家地理学会宣读过。但是正像他对地理上的学术研究工作使他成为这个领域的开拓者一样,他在政治上的理论研究也使他成为一名从事活动的政治家。1900年进入沃里克和利明顿议会与1909年进入霍伊克自治市议会的两次尝试失败以后,1910年1月,麦金德在格拉斯哥的卡姆拉基(Camlachie)选区以434票的微弱多数当选。同年12月的普选中,他甚至只获得26票这样更少的多数,继续代表卡姆拉基选区一直到1922年他在选举中失败为止。1919—1920年,他是英国驻南俄的高级专员,并在回国时,获得爵士称号。1919年他担任英国皇家所得税委员会和英国皇家发明专利委员会这两个委员会的委员,1925年担任食品价格委员会的委员。1920年他担任帝国航运委员会主席,并且保持这个职位到1945年。1926年他成为英国枢密院顾问官兼帝国经济委员会主席——担任此职一直到1931年。

1886年,麦金德被选为英国皇家地理学会会员,并终生与它保持联系。从1909—1912年,又从1928—1936年,他在皇家地理学会的理事会工作;从1932—1936年他担任这个学会的副主席;1946年他获得佩特伦(Patron)奖章。1947年3月6日,麦金德逝世于多塞特郡的帕克斯通(Parkstone)家中。

地理学的范围和方法

正如早已叙述过的那样,麦金德在促进成人教育方面起过积极作用,他总共给牛津大学扩大讲座讲过六百多次课。负责

1885—1886年举办这些讲座的委员会在报告中说：在莱茵河畔阿什顿、伯里、巴思、罗瑟勒姆、盖恩斯巴勒和林肯等地，“麦金德先生向大班级的工作人员和其他人士所作的演讲是十分成功的。”麦金德扩大讲座一些最初教程的主题是“新地理学”①，英国皇家地理学会的助理干事H. W.贝茨（Bates）邀请麦金德到萨维尔（Savile）街地理学会所在地去见他。看来是地理学会的前名誉干事弗朗西斯·高尔顿（Francis Galton）听到这些讲座的情况，建议贝茨要求麦金德把他关于“新地理学”的意思写下。一篇麦金德论文的草稿于是被提交给当时的学会名誉干事克莱门茨·马卡姆（Clements R. Markham），他以极其热情的词句向学会理事会作了报告，并预定在适当的时候邀请麦金德到学会演讲。

麦金德的论文《地理学的范围和方法》是在1887年1月31日宣读的，学会副主席理查德·斯特雷奇（Richard Strachey）将军是这次会议的主席。《学会年报》记载说：这次演讲，“是通过图表和利用屈光灯和灰光灯作工具，把典型的地理观念投影在银幕上来加以说明的”。在演说中，麦金德有力地抨击了英国皇家地理学会理事、少将弗雷德里克·戈德斯米德（Frederic Goldsmid）爵士，于1886年9月在伯明翰任英国皇家学会E分会（地理）主席就职演说时所表达的观点。现在很难回忆那次大胆演说在群众中难免会引起的强烈感受，但是我们应该记住，在举行这次会议时，麦金德还不到26岁，而且还只不过是一名学士。因此，“一位尊敬的

① J. F.昂斯蒂德：《麦金德和新地理学》，《地理杂志》（J. F. Unstead, H. J. Mackinder and the New Geography, *Geog. J.*）第113期（1949）第47—57页。麦金德关于《新地理学》（1886）讲座的印刷摘要仍有藏书。

海军将军——坐在会场前排的学会理事,在整个演说过程中嘴里不断唠叨着‘该死的厚脸皮!’”这就不足为奇了。麦金德在以后的日子里,很乐意谈论这件事,并且说当他宣读论文时[①],他是“一名年轻的革命者”。当时在学会理事会中有两位海军将军:林赛·布赖恩(Lindesay Brine)将军和 F. L. 麦克林托克(McClintock)爵士将军。讨论这篇论文的时间很长,而且十分热烈;休会到 2 月 14 日下次会议继续举行。斯特雷奇将军仍然是会议的主席。麦金德从他的论文提纲开始,并作出另一个地理学定义来补充上次会议他所作的定义。这次,他把这个主题解释为“分布的科学,那就是探索地球表面事物一般排列的科学”。正如他在论文中所写的那样,他力陈“把自然地理和政治地理结合起来”[②]的必要性。麦金德解释说,他给地理学下这样定义的理由是基于如下信念:“十个探索地理学的学者中必然有九个是从人类的立场来进行的”。他又说:“他们希望把世界作为人类环境来研究”。弗雷德里克·戈德斯米德爵士——这位他的意见受到麦金德非常猛烈攻击的人,在讨论中第一个发言,他用相当长的时间来为自己的观点辩护。弗朗西斯·高尔顿接着发言,他对麦金德的观点表示赞赏。他把地理学解释为一种艺术,对“特殊地区中较有兴趣的特征进行生动和有联系的描述”,并且预言麦金德“肯定会在地理学教育

① 《苏格兰地理杂志》(*Scot. Geogr. Mag.*)第 47 期(1931)第 323 页。

② 麦金德在当时流行的广泛意义上使用了“政治地理学”这个词,大致相当于现在所说的“人类地理学”。1888 年,在他所著的《地理学的家庭读物要旨》(*Syllabus of Home Reading in Geography*)一文中,他抱怨政治地理学是“地理学在人文方面并不适当的一个名词”。

上产生影响”。接着高尔顿发言的是巴思学院院长 T. W. 邓恩(Dunn)和巴特西教育学院院长卡农·丹尼尔(Canon Daniel);前者支持这篇论文的观点,后者则给予较多的批评。有趣的是,在宣读卡农·丹尼尔的发言时,墙上挂有三幅印度斯坦(原文如此——吉尔伯特)地图来说明麦金德的论文。他说:“一幅表明人口,另一幅表明雨量,第三幅表明山脉和水系”,并且对这三幅图之间“非常紧密的相互依存关系”作出评论。伦敦皇家学院地理学教授 H. G. 西利(Seeley),表示基本上同意麦金德提出的观点。下院议员詹姆斯·布赖斯(James Bryce)(后来是布赖斯子爵),热烈支持麦金德,并且“高度赞扬他论文中所表现的特点:异常清楚、逻辑周密和深刻的哲学观点”。对于布赖斯来说,“地理学既不是一种描述的、也不是一种分布的科学,而是一种因果关系的科学,它的职能是显示各种自然特征的原因,首先对于相互之间、其次是对于人类所起作用的途径”。他总结说:“如果在大的学校里有一个行将成为教员的二十人的班级,要接受诸如麦金德所推荐的在地理学上的训练,那将极大地吸引着学生们的思想,不仅是地理系,而是所有与地理学有关的每一种学科也都会变得生动活泼,并且处处渗透着与地理学有关的概念,而相同的概念和方法也会在英国的学院和学校中逐渐渗透和推广,直到人们对地球表面的渊博知识成为常识的一部分。”

经过另一位理事会成员 E. 德尔马·摩根(Delmar Morgan)几次观察之后,道格拉斯·弗雷什菲尔德(Douglas Freshfield)作了一次长篇讲话来支持麦金德的观点。他从宣读马卡姆写给理事会关于麦金德论文的书面报告摘要开始,其中他曾经说过:“宣读和认

真地考虑这篇论文将在我们学会的历史上形成一个新纪元”。弗雷什菲尔德用叙述麦金德的牛津大学扩大讲座在曼彻斯特受到初级学校教员热烈欢迎的情景,来回答那些怀疑论文所建议的地理教学方法能否在实践中取得成功的批评者,弗雷什菲尔德有信心地说:“地理学会由于鼓励这种教学,无论在大学或初级中学都会得到很大好处”。他在结束发言时,要求所有旅游者都应该受到训练,以便他们能更加生动地写下游记。他说:“训练旅游者洞察力的一种手段是在英国的学校和大学里进行比较高级的地理学教育”,他还宣称:“保证做到这一点的唯一方法是聘请有能力的教员,而在培养教员方面,他们必须确保地理学在培训教员的大学里有它的恰当地位”。麦金德对“《学会年报》里不平常的一致同意”感到意外,在他作了简短的回答之后,会议主席在总结时也作了同样的简短讲话。

对这次演讲所作的考察,可以使读者看到许多现在在地理思想和地理教学中很一般化的概念,都是首先由麦金德设想出来的。例如,区域观念是他的论据中不明言的部分,显然,赫伯森(Herbertson)不应该因为他把区域观念介绍到英国地理教学中来,就像人们常常归功于他一人那样,获得这一成就的全部荣誉[①]。以后在1887年,在曼彻斯特的英国皇家地理学会上,麦金德宣称他在牛津大学的正规年度课程之一,将“经常是对一个特殊区域所作的分析”[②]。他又一次首先把地理学作为跨过“自然科学和研究人

① 除了麦金德和赫伯森以外,许多人在把区域思想介绍到英国地理教学上都起过作用,特别是H.R.米尔(Mill)的贡献一定不能忘记。

② 英国皇家地理学会《学会年报》第90期(1887),第699页。

类之间”鸿沟的桥梁的创始人之一。这篇论文，正如 J. F. 昂斯蒂德博士不久前所说的那样，是“英国地理学发展史上的一篇经典文献”，它对现在地理学的地位具有影响①。当地理学被分割成许多狭窄的专门学科的时候，无疑人们应该记住麦金德关于这门学科基本统一的观点。

历史的地理枢纽

麦金德的这篇论文《历史的地理枢纽》是于 1904 年 1 月 25 日向学会宣读的，学会主席查尔斯·马尔姆（Charles Markham）②爵士是这次会议的主席，他于十七年前，担任学会干事时曾对麦金德的第一篇论文以十分赞赏的态度向学会作过报告。在宣读这篇论文的前一个月，麦金德被任命为伦敦经济学院的院长。他还是牛津大学的地理学讲师，直到第二年，这个职务由 A. J. 赫伯森博士接任后才辞去。赫伯森博士的著名论文《主要的自然区域》（The Major Natural Region）③是一个月以后在 1904 年 2 月 29 日向英国皇家地理学会宣读的。《历史的地理枢纽》用了五幅地图来加以说明，这五幅地图这里都复制了，大家可以看到现在被称为《力量的自然位置》的著名的第五幅地图。很清楚，这两位牛津大学地理学家都是把世界作为一个整体，根据“自然”单元加以考虑的。但是，当赫伯森的《主要自然区域》图是用莫尔韦德（Mollweide）投

① 《地理杂志》第 113 期（1949）第 53 页。

② 疑原文有误，似应为克莱门茨·马尔姆。——译者

③ 《地理杂志》第 25 期（1905）第 300—312 页。

影进行绘制时，麦金德的《力量的自然位置》图则还是用墨卡托(Mercator)投影绘制的——它的周围所画的椭圆形使这一事实显得不那么明显了。有人曾经对麦金德为这张特别的地图使用墨卡托投影提出一些批评。如果麦金德的设想被重新绘制在以他的“枢纽地区”为中心的方位等距离的地图上，人们就会对于在与其他大陆的关系中这个地区的位置，得出一个比较清楚的概念。因为使用墨卡托投影下的地图，掩盖了“枢纽地区”和北美(北极的“冰海”从这里把它们隔分)之间的真正关系。

麦金德论文的读者应该记得，在1904年2月8日，也就是麦金德的论文向学会宣读只有两星期之后，日俄战争就爆发了。在英国，那是一段强烈的恐俄时期；第一个英日同盟协定在1902年1月签订，使这两个国家更加接近的第二个协定在日俄战争结束的1905年8月签订。第二个协定规定了相互维护日本在朝鲜的利益和英国在印度的边界。在这种关系上，考虑一下麦金德的思想是很有趣的，他认为朝鲜可能成为一个“桥头堡，外部的海军可以从这些桥头堡支持陆上部队来迫使枢纽联盟也部署陆上部队，从而阻止他们集中全力去建立舰队。”

这篇论文的讨论会是斯潘塞·威尔金森[①]用以下这些话开始的：“当我在聆听这篇论文时，我遗憾地看到会议室里有一些座位

① 麦金德对1903年由斯潘塞·威尔金森(Spenser Wilkinson)主编的《祖国的需要》(*The Nation's Need*)一书投过稿，他的一章(第225—260页)涉及高等教育的学科问题。斯潘塞·威尔金森后来成为牛津大学军史系的奇切利教授，(Chiclele, Henry，约1362—1433年，英国大主教，曾在一些教会事务和政治谈判中起过作用——译者注)，而且担任牛津大学地理委员会委员多年，这个委员会负责管理牛津大学地理系的工作。

还空着,我更感到遗憾的是其中的一部分座位并没有内阁成员在座”。接着,他讨论讲稿中所奠定的两种主要原理。第一种原理认为世界已经成为一个整体,因而也就成为一个完整的政治体系。他说:自从近代利用蒸汽改进航海技术以来,这样的统一整体已经出现。他认为麦金德所作出的第二种原理,也就是最主要的是“俄国新近的扩张对世界的极端重要性”。他批评麦金德为他的地图使用墨卡托投影来说明论文的主要观点,因为那个投影夸大了大英帝国的面积。斯潘塞·威尔金森相信:大不列颠如果能维持住它的海军力量,它就能“掌握对大陆地区发生作用的各种不一致的力量之间的平衡”。他还认为日本能够“在亚洲大陆的东缘产生决定性的和有影响的力量,正像不列颠群岛那样,人口虽然少些,在欧洲大陆却产生着决定性的和有影响的力量。”

接着发言的是托马斯·霍尔迪奇(Thomas Holdich)爵士[①]。四分之一世纪之后,在两次战争之间的年代里,跟麦金德一样,他的言论常常被德国地缘政治学家卡尔·豪斯霍费尔(Karl Haushofer)将军所引用。豪斯霍费尔最爱引用霍尔迪奇的一句话是:“由于对地理的无知而付出的代价是绝对难以计算的”。在评论麦金德的论文时,霍尔迪奇想知道在不同的历史时期中,中亚细亚人口超乎寻常地溢出的原因。他认为所有造成这些迁徙的原因之一,是“这个国家的自然条件发生了明显变化”。托马斯·霍尔迪奇爵士作为测定智利和阿根廷之间边界而设立的仲裁法庭成员之

① 托马斯·霍尔迪奇爵士的《印度》(*India*),收集在麦金德主编的《世界区域》(*The Regions of the World*)丛书里,1904 年出版,这一年也是这篇论文在英国皇家地理学会宣读的一年。

一，在南美度过了1902年的大部分时间。因此，人们很感兴趣地注意到他拥有与麦金德相同的观点：即南美可能是“对绕着俄国南部转动的内部力量施加压力的外部力量地带”的一个可能因素。他认为南美作为一个海军强国的潜在力量是非常巨大的。

后来成为英国海军大臣和主管印度事务国务大臣的L. S. 艾默里（Amery）先生，在讨论会中作了最长并且肯定是最有启发性的发言。在1902—1908年期间，艾默里和麦金德两人都是一个名叫“系数”（Coefficients）的小小的晚餐俱乐部的成员，这个俱乐部的成员在这里讨论当前的社会和政治问题，米尔纳（Milner）勋爵和H. G. 韦尔斯（Wells）也是这个俱乐部的成员①。艾默里先生和其他发言者一样，批评了麦金德关于俄国是希腊的继承者的观点，但人们可以在第59页的脚注中看到，在重新考虑了这件事之后，麦金德仍不改变他的意见。艾默里接着指出，那些居住在草原的人民，虽然数量很小，但经常享有机动性的优点。他举两年前于1902年结束的南非战争作例子。他说“整个英国军队都为企图压制四万到五万生活在干旱草原上的农民而忙得不可开交”。一张麦金德在演讲时给大家看的照片，使艾默里先生想起一个布尔人的突击队员越过浅滩时的情景。他认为“拥有广大草原地区的俄罗斯帝国，已经不在古老的草原人民的手中，而是成为真正的农业世界的一部分，经济上它已经征服了草原，并且正在把它变成一个伟大的农业工业强国”。他指出：麦金德描写的马和骆驼的机动

① 韦尔斯在他所著的《自传中的实验》（*Experiment in Autobiography*，1934年第760—765页），把艾默里和麦金德描绘成属于这个俱乐部的两个比较年轻的帝国主义者。

性,大部分已经过时了,现在是铁路的机动性和海上的机动性的问题。他还预言,这两方面的机动性都将“由航空作为动力的一种手段来加以补充”,在这种情况下“大量的地理分布必然丧失它的重要性,而成功的列强将是掌握最大工业基础的那些国家”。他最后作结论说:“在大陆中心还是在岛屿上这个问题并不重要,哪个民族拥有工业的力量,发明的力量,科学的力量,它就能打败其他所有的民族”。

D. G. 霍格思(Hogarth)先生①,牛津马格达伦学院研究员,后来担任英国皇家地理学会主席,接着发言。他强调艾默里先生反对麦金德关于希腊-斯拉夫的论点,还问起麦金德是否相信一种静止的事态正在枢纽地区发展着,并且问他是否认为广大的中心地区不再把它的居民分送到各个边缘国家去。在答辩中,麦金德用直截了当的论断回答了霍格思和霍尔迪奇提出的问题。他说,在有记载的历史里,第一次出现“在草原地带正在发展着一个数量很大的固定人口——这是(人们必须面对的)世界上的一场革命”。他同意海军强国的基础可以在工业富庶的地区建立,而且认为“西伯利亚和俄国的欧洲蕴藏着巨大的工业财富,征服一些边缘国家将能为建立世界帝国所必需的一支舰队奠定基础”。他个人的目的不是去“预测这个国家或那个国家的广阔未来,而是制定一个能适应任何政治平衡的地理公式”。他相信世界的未来取决于维持边缘地区和膨胀的内部力量之间的力量平衡。克莱门

① 霍格思的《近东》(*The Nearer East*),收在麦金德主编的《世界区域》丛书里,1905 年出版。

茨·马卡姆爵士在结束这场讨论时说,麦金德"通过非常精彩的描述和例证,通过牢牢地掌握着主题,以及通过我们在这个会议室里很少听到过能与他匹敌的论据的明确性"来提出他的论文。

十五年之后,在1919年,麦金德把他最初的论文扩展成一本叫做《民主的理想和现实》(*Democratic Ideals and Reality*)的书。"枢纽地区"现在写作"心脏地带"(heartland)。这个在1904年论文里出现过三次的术语,只是以"心脏－地带"(heart-land)的形式偶然提到,而且是在描述的意义上使用的。在那篇论文里,麦金德用历史学家的眼光回顾了枢纽地区以往的发展。在这本书中,他更多地把自己当作一名政治家来论述这个心脏地带,并且谋求把"地理学作为能对治国和战略起帮助作用的东西"——这里用的是约翰·怀南特(John G. Winant)在授予麦金德以查尔斯·戴利(Charles P. Daly)奖章时说的一句话。然而,当麦金德在1919年重新审查他的理论时,他认为:"1904年的论文仍然是足以可信的"。《民主的理想和现实》这本书被恰当地描述为递交给凡尔赛和平会议成员们的一本小册子,因为它包含以下常被引用的句子:

"当我们的政治家在与被打败的敌人谈话时,一些活泼的小天使必定会时时地向他们这样窃窃私语:

谁统治东欧,谁就能主宰心脏地带;
谁统治心脏地带,谁就能主宰世界岛;
谁统治世界岛,谁就能主宰全世界。"

但是这本书直到第二次世界大战以前,并没有在美国和英国引起很大的注意[①]。一本内容没有更改的新版本于 1942 年在美国出版,1944 年一本同样的版本出现在英国《鹈鹕丛书》里。1943 年当时已 83 岁高龄的麦金德,在《外交事务》(Foreign Affairs)的一篇文章里,对他的心脏地带理论作了某些重要修正,以《周围世界与赢得和平》(The Round World and the Winning of the Peace)为题重新予以发表[②]。他相信他的关于心脏地带的观点比二十或四十年前更加有效和有用,并作出以下论断:"考虑到所有情况,不可避免的结论是如果苏联在这次战争中以德国的战胜者出现,它必然会被列为地球上最大的陆上强国。而且,它还将是处于战略上最强防御地位的强国。心脏地带是地球上最大的自然碉堡。在历史上它是第一次布置足够数量和质量的驻军。"

虽然麦金德的心脏地带理论在两次战争之间不大受到英语国

① 《地理杂志》或《苏格兰地理杂志》似乎都没有为《民主的理想和现实》一书写过评论。只是在《地理教师》(*The Geographical Teacher*)上有篇简短的介绍(1920 年第 10 期第 181 页)。另一方面,美国 F. J. 蒂加特(Teggart)在《地理评论》(*The Geographical Review*)(1919 年第 8 期第 227—242 页)上写了一篇令人感兴趣的评论文章《地理学作为治国的助手:对麦金德〈民主的理想和现实〉一书的正确评价》(Geography as an Aid to Statecraft:an Appreciation of Mackinder's "Democratic Ideals and Reality")。在这篇文章中,他抱怨麦金德关于心脏地带所作的定义是"很捉摸不定的"。随后的文章是 G. R. 德赖尔(Dryer)关于《麦金德的"世界岛"和他的美洲"卫星"》(Mackinder's "World Island" and its American "Satellite")的一篇短文(《地理评论》,1920 年第 9 期第 205—207 页),在这篇短文中,作者批评麦金德放过作为一个世界因素的两个美洲大陆。此外,于 1922 年,W. L. G. 乔尔格(Joerg)把这本书描绘成"地理学观点对政治问题富有成效的应用"(《地理评论》1922 年第 12 期第 434 页)。

② 《外交事务》,第 21 期(1943 年)第 595—605 页。这篇论文在重印时有几处稍作修改,作为 H. W. 韦格特(Weigert)和 V. 斯蒂文森(Stefansson)的《世界的罗盘:政治地理学的一次讨论会》(*Compass of the World:A. Symposium of Political Geography*)一书中的一章(第 161—173 页),1944 年。

家的注意，但是在德国却受到认真的研究，在那里它成为地缘政治学学者的一种基本思想，豪斯霍费尔将军是他们之中的主要人物。这里不是详细讨论麦金德著作在德国地缘政治学学派中所起影响的地方，这些影响在汉斯·韦格特博士的《将军和地理学家》(Generals and Geographers，1941 年)的文章里有所描述[①]。然而，人们应当注意到豪斯霍费尔复制了麦金德《力量的自然位置》的地图，至少有四次刊印在《地缘政治学》(Zeitschrift für Geopolitik)的期刊上，与刊印在《地理杂志》上的一样精确。此外，豪斯霍费尔不止一次地承认受益于麦金德：如在 1937 年，他把麦金德 1904 年的论文描述为“所有地理学世界观中最伟大的”，并且接着说，他从来没有“见过任何比这部地缘政治学杰作中这几页的内容更伟大的东西了”。1939 年他引述了麦金德的担心之处，德国必须与俄国结成联盟，作为两国的力量必须联合起来的一个论点[②]。他常常重复奥维德(Ovid)的格言：从敌人那里学习是一种责任。在他对《民主的理想和现实》的评论中，他把麦金德描绘成为一个

① 在讨论关于豪斯霍费尔和德国地缘政治学问题的许多美国书籍和文章中，下述著作是特别有益的；德温特·惠特尔西(Derwent Whittlesey)的《德国征服世界的战略》(*German Strategy of World Conquest*)，1942 年；以及同一作者所写关于豪斯霍费尔的一章(第 388—411 页)，收在 E. M. 厄尔利(Earle)编辑的《现代战略的制订者》(*Makers of Modern Strategy*)一书中。

② 在德国以外，人们通常认为：豪斯霍费尔的著作为德国和苏联 1939 年 8 月的条约铺平了道路。一种新近的观点，也是在德国所持的观点，是豪斯霍费尔的政治影响被大大地夸大了。详见：G. R. 克龙(Crone)的《地缘政治学的德国观点》(A German View of Geopolitics)，《地理杂志》，第 111 期(1948)第 104—108 页；C. 特罗尔(Troll)的《1933—1945 年德国的地理学》(*Die Geographische Wissenschaft in Deutchland in den Jahren 1933—45*)，《地球》(*Erdkunde*)，1947 年第 1 期第 3—48 页。

“可恨的敌人”①。

要夸大麦金德在德国政治上的影响是很容易的,而且在任何情况下我们都必须记住詹姆斯·费尔格雷夫(James Fairgrieve)的有名著作《地理学和世界列强》(*Geography and World Power*, 1915),在德国也有广泛的读者。这本书由豪斯霍费尔的妻子翻译成德文,在1925年出版时附有豪斯霍费尔亲自写的引言②。麦金德很自然地会对任何认为他的理论“帮助纳粹军国主义奠定基础”的意见感到不快。他于1944年在接受美国地理学会授予、并由美国大使在英国皇家地理学会大厦赠送给他的查尔斯·戴利奖章时,所作的发言中提到了这些批评。他说:“我听到有的谣言说,我鼓励豪斯霍费尔,豪斯霍费尔启发汉斯,而汉斯是当希特勒正在口授《我的奋斗》(*Mein Kampf*)时,向他提出某些地缘政治的思想,据说这些思想是我首创的。这些思想是一个链子上的三个环节,但我对第二个和第三个环节一无所知。不管怎么说,我确确实实从他自己笔下的证据中知道:不管豪斯霍费尔从我的书中引用了些什么,都是从我四十年前在英国皇家地理学会的一次演讲中摘录下来的,远远在有任何纳粹政党问题之前”。(《地理杂志》,1944年103期第132页)

人们过于以不加鉴别的态度接受麦金德关于心脏地带的观点可能是事实。C. B. 福西特教授和H. W. 韦格特博士的两篇论文

① 《地缘政治学》,第2期(1925)第454页。

② J. 费尔格雷夫:《地理学和世界列强》,1925年由马撒·豪斯霍费尔(Martha Haushofer)译出。

重新估价了他的理论,提出它的缺点和价值①。麦金德很清楚人们对他在自己各种著作中改变心脏地带界限的普遍批评。但他于1943年为这种指责替自己辩护说:这个概念在地图上不可能有精确的定义,因为它的基础是自然地理的三个不同方面:低地区,北极和内陆河流的流域盆地,以及草原地带,这三个区域在空间和时间方面都不是恰好相合的。

曾经有这样的意见,认为空中力量的出现破坏了麦金德观点的确实性。心脏地带的北极海岸不再像在1904年那样难以达到。1903年,赖特(Wright)兄弟驾驶他们的飞机在美国上空飞翔。1904年,麦金德说基督教世界掌握了"最广大的除飞翔以外的活动能力"。在1919年和再次在1943年,麦金德不管正确或错误,又一次引用了空中力量的出现来支持他的旧论点。1919年,他预言以陆地为基础的空中力量不久就会使地中海在战时不能航行,因而有利于心脏地带;而在1943年,他把英国的作用称为"壕沟机场"的作用。他清楚地看到,对全人类来说,天空的征服赋予世界的统一以一种新的含义。尽管麦金德的观点受到许多详尽的批评,但是,用约翰·怀南特的话说,他是"向我们提供这个世界的

① C. B. 福西特:《旧大陆的边缘和内陆地带》(Fawcett, Marginal and Interior Lands of the Old World),《地理》,第32期(1947年)第1—12页,重印在H. W. 韦格特、V. 斯蒂文森和R. E. 哈里森(Harrison)三人合编的《世界的罗盘》一书中,1949年,第91—103页。后一本书还包括(第80—90页)H. W. 韦格特的一篇论文:《重访心脏地带》(Heartland Revisited)。同时参看W. G. 伊斯特的《心脏地带强大到什么程度?》(W. G. East, How Strong is the Heartland?),《外交事务》,第26期(1950)第78—93页。这是一篇根据当前事态批判麦金德学说的文章,然而伊斯特教授坚持认为麦金德的"地缘政治思想对于争取和平的任务是适合的"。

全球概念的第一个人”,这个事实始终是存在的(《地理杂志》,1944 年 103 期第 131 页)。

在 1887 年的演讲中,麦金德曾经用地理学的统一作为一个主题来加以说明,而同时他又表示有必要以地区的综合研究为基础;在 1904 年,他教导人们说:世界是一个整体,它已经成为一个联系紧密的体系。在另一个场合,他又说:“没有一个完整的地理区域小于或大于整个地球表面”。这些关于世界和它的区域的思想,是所建立的现代英国地理学学术的基础;这些基础是由哈尔福德·麦金德爵士在两篇论文中奠定的,在这里予以重印如下。

地理学的范围和方法

什么是地理学？这似乎是向皇家地理学会提出的一个奇怪的问题。尽管如此，但是至少有两点理由说明这个问题必须予以答复，而且是现在就得答复的。首先，地理学家们新近热衷于坚持这样的要求：把他们的学科放在学校和大学的全部课程中更受到尊敬的地位。这个领域，特别是教学的领域，用"什么是地理学？"这个问题作答复是带有讽刺口吻的。现在正在进行的教育论战将取决于对这样一个问题提出的答复：能否使地理学变成一个学科，而不仅仅是一批信息？而对于我们这门科学更加重大的范围和方法的问题来说，这只是个附加部分。

目前督促你去注意这个问题的另一点理由来自内部。半个世纪以来，若干学会，大多数是我们自己的学会，一直热衷于促进对这个世界的探险。天然的结果是我们现在正接近于大发现浪潮的尾声。两极地区是留在我们地图上唯一的大块空白区。另一个斯坦利[①]再也没有本事为这个快乐的世界发现另一个刚果。在一段时期内，在新几内亚、非洲、中亚，以及沿着冰冻地区的边缘，还会

① 亨利·莫顿·斯坦利（Henry Morton Stanley，1841—1904），英国探险家，殖民主义者。——译者

有许多有益的工作。在一段时间内,另一个格里利①可能还会不时地受到古老方式的热烈欢迎,并且将会证明并不是一个所需要的英雄人物。但是由于冒险的故事越来越少,它们的地位逐渐被详细的军械调查所代替,甚至地理学会的成员也会沮丧地问道:“什么是地理学?”。

如果认为皇家地理学会必须尽快结束它的历史——一个法人组织的亚历山大向隅而泣,因为世界上已经没有更多的地方可供征服,那么不用说,这篇论文就不必写出来了。一些诸如韦尔斯先生关于巴西的论文、布坎南(Buchanan)先生关于海洋的论文以及布赖斯先生关于地理学与历史学关系的论文,都预示着我们未来的工作。然而,不管怎么说,在指引我们走进新的最适当的位置时,把我们的视野扩展到一定程度是会有很大好处的。在我们的教育论争中,现在来讨论这个问题,有可能使我们获得新手段的更多的意外利益。

我们必须把注意力转向的第一个问题是:地理学是一个还是几个主题?更确切地说,自然地理和政治地理是一项研究的两个阶段,或者它们是用不同方法进行研究的独立的主题,一个是地质学的附庸,而另一个是历史学的附庸?皇家地理学会主席最近对这个问题有十分卓越的见解。他在伯明翰的演说中采取了十分明确的立场。他说:

“要调和人们可能认为是科学的地理学和历史学混合在一起

① 阿道费斯·华盛顿·格里利(Adolphus Washington Greely,1844—1935),美国北极探险家。——译者

的看法是很难的。因为这两者就像地质学和天文学那样彼此截然不同。”

我怀着极其不愿意和犹豫的心情，大胆提出反对有充分理由受到人们尊敬的权威弗雷德里克·戈德斯米德爵士的意见。我这样做，仅仅是因为我深信他在伯明翰采取的立场对地理学的美好前景是毁灭性的。我还进一步注意到弗雷德里克·戈德斯米德爵士的声明，在更加正确的论据面前，他完全准备放弃他已经作出的结论。在如此困难的讨论中，如果我自认为我的论据是更加正确的，那真是太放肆了。我提出它们来，只是因为就我能见到的来说，正在议论的演说中，这些论据并没有遇到反对也没有被推翻。弗雷德里克·戈德斯米德爵士可能只是表示了当前大多数人们思想上对这个题目的模糊观点。很可能是这种情况，因为在他本人的声明中，他所引用的论据是支持一种与他自己制定的理论观点相对立的观点①。

在我们已经引用的那同一页上，人们可以找到这样一段内容，它高度赞扬布赖斯先生的《与历史学关联的地理学》(Geography in Its Relation to History)。布赖斯先生讲演的中心思想是：人类基本上是“他的环境的创造物”。政治地理学的职能是探索人类和他的环境之间的相互作用。弗雷德里克·戈德斯米德爵士要求政治

① 弗里德里克·戈德斯米德爵士对这一段文字写了一个非常有礼貌的回答。从这一段落中，我认为我并没有按照他的意图对他的话随声附和。对此我表示遗憾。我仍然把这一段文字留在那里，因为我相信我的话并不含有去附和这些话的不自然的意思。它们可能很容易被人们引用来反对地理学家，而因为这些话出自一位地理学的老朋友之口就更有分量了。

地理学能使我们未来的政治家“充分掌握”“各种地理条件”。对于他的这些观点，到目前为止还没发现有人反对。但是他似乎认为他所说的“充分掌握”，可以在“自然的和科学的”地理学被排除以后，从所遗留的东西中得到。

在进一步探索之前，我们不妨看看是否还能对我们所用的定义进行推敲，使其精益求精。对于探索人类和他的环境相互作用的科学定义，生理学将会作出回答。一般地说，撇开确切的地理位置来探索力量的作用，是生理学、物理学以及化学的职能。探索地理位置的影响，即当地不断变化的环境的影响，尤其是地理学的特色。做不到这一点，地理学就只不过是自然地理学，基本的地貌要素被省略掉了。因此我建议将地理学解释为这样一门科学：它的主要职能是探索人类在社会中的相互作用，以及在局部发生变化的环境中的相互作用[①]。

人们在考虑相互作用之前，必须对起相互作用的因素进行分析[②]。这些因素之一是变化着的环境，而我认为对这种变化着的环境的分析是自然地理学的职能。于是，我们就被推到与当前看法直接对立的地位。我们认为，如果政治地理学不是建立在自然地理学的基础上，并且继自然地理学之后产生的话，理性的政治地理学就不可能存在。目前，我们正遭受着种种非理性的政治地理

① 从一种相当不同的立场出发的另一种定义，详见讨论开始时我的讲话（这是分布的科学，那就是探索地球表面事物一般排列的科学）。

② 另一个因素当然是在社会中的人，对这种情况的分析比对环境的分析要简短些。按照巴奇霍特（Bagehot）在《自然与政治》（Physics and Politics）中的方法来考虑，可能是最理想的。人类的团体应当被看做是为生存而奋斗的单元，它们或多或少地受到各个环境的帮助。详见本书第 44 页“环境”和“团体”的定义。

学的影响，其中之一是它的主要职能不是去探索因果关系，因而它必然只能是一组提供备忘的孤立数据。这样的一种地理学永远不能成为一种科学，因此也永远不能受到教师们的重视，而且肯定永远不能吸引广大有才智的人，使他们能成为人类的统治者。

但是人们可能会反驳说——对于政治地理学的目的来说，难道你不能满足于用比自然地理学所提供的更表面、更容易学到的分析方法吗？在回答这个问题时，我们采取了最一般的立场。这类分析已经试过，发现它不够标准。学习科学的深刻分析，在每一点上提高和满足那些驱使我们不停地提出“为什么”这个问题的本能，比从旧教科书的名单上或所谓描述地理学的描述中获得足够数量的资料，实际上要容易得多。地貌学（它是删去“原因是什么”的地理学），它几乎受到教师和学生们的一致抵制。

对我们的立场来说，这里有比教学上的实际方便更重要的原因。我想提出三点。第一是这样，如果你学习老地理学家称之为在因果关系中的“自然特征”，那么进步就会越来越容易。新的事实有条理地归纳到总的计划中去。它们对一切以前得到的知识给予新的解释，而那种知识转而又从许多方面对它们加以阐明。然而当描述的方法被采用以后，还有计数的方法，每一个新加上的事实，给记忆的负荷增添不断增长的负担。这就像在一大堆砾石上扔上另一块石头；这就像在学习数学时不去掌握原则，而去试图记住许多公式。

我们的第二个理由概述如下。肤浅的分析很可能造成错误：一方面没有摸清楚表面上类似而本质上不相同的事情；另一方面没有察觉到本质上类似而表面上不相同的事物。

第三个理由是这样:当人们的思想在人和环境之间的真实关系方面已经生动地掌握了环境因素时,在它们之间新关系的设想上,很可能是丰富的。即使没有推进这门科学的计划,同样的条件也会导致一个迅速的、鲜明的,因而也是一个持久的对其他科学已经发现的关系的正确评价。

这里暂停一下来总结我们在一系列主张中的立场将是适时的。

(1)我们一致认为政治地理学的职能是,发现和说明在社会中人类之间和他们在局部发生变化的环境之间存在的关系。

(2)作为这种情况的前提,有两种因素必须加以分析。

(3)分析这些因素之一——变化着的环境——是自然地理的作用。

(4)没有别的科学能充分执行这种职能。

因为——

没有其他分析能显示因果关系中和真实前景中的种种事实。

因而——

没有其他的分析会——

第一,成为一个学科来为教师服务;

第二,在学生中吸引更高的思想;

第三,节省有限的记忆力;

第四,同样地值得信任,以及

第五,同样地富于启发性。

我们必须料到有这种意见,那就是,即使我们得到所要求的合乎心意的东西,我们仍然是在要求办不到的事。我们的回答是我们从来就没有试过。自然地理学常常由那些已经有沉重负担的地质学承担着,而政治地理学则被那些已有负担的历史学在承担。我们还会看到那些占据地理学主要位置的人,他必然会以同等的眼光看待与他探究有关的那些科学的历史学的一些方面。知识归根到底是一个整体,但是当今的极端专门化却似乎使某类聪明才智之士无法知道实际。我们越专门化,就会有更多的空间和更多的需要,让学生们达到他们坚定的目标,找出各个专门学科之间的关系。最大的隔阂来自自然科学与人类研究之间。地理学家的责任是建立一座桥梁,以便跨越那条许多人认为是正在搅乱我们文化平衡的鸿沟。砍掉地理学的任何一枝树干,你就会在它的最重要部分严重地伤害了它。

我们这样说,并不意味着我们无视地理学本身专门化的需要。如果你想在科学上做出独创性的工作,你就必须专门化。但是对于这个目的,不论是自然的或者是政治的地理学都会像整个学科那样难以掌握。此外,你的专题也无须属于这个或那个分科的领域;它可能越过了分科的界限。地理学就像一棵树,早期分成两个大树枝,它的丫枝可能仍是解不开地交织在一起的。你选择几枝邻近的丫枝,但它们可能是从另外的树枝上长出来的。作为教育的一门课题,作为这门课题内一切富有成效的专门化的基础,我们坚决主张从总体上讲授和领会地理学。

这种可能性的问题很自然地引导我们去探究关于地理学和它的邻近科学的关系。除采用布赖斯先生关于环境的粗略分类方法之外,我们不能有更好的办法。第一,我们受到地表结构的影响;第二,受到那些属于气象学和气候的影响;第三,一个国家能够给人类工业提供产品的影响。

那么，首先是关于地表的结构。我们这里有一个在地理学家和地质学家之间争论之点。后者认为决定岩石圈形态的原因归他们的学科来研究，对自然地理学家来说，既没有地盘，也不是必需的。结果造成地理学家在他的材料中只同意包括地质学方面极其微小的成就，因而对他的学科造成损害。所有在座的人都必须充分了解这种对立的情况，除了灾难以外，它没有给地理学带来任何益处。两门科学可能有部分一致的数据，在结果上不应有争吵，因为数据虽然相同，但对待数据的观点是不同的。它们是以不同的方式组合的。对地质学家来说，至少不应该露出这种弱点，因为在他自己的部门中每前进一步，都得依靠他在科学上兄弟般关系的人。古人类学是研究地层的相对年龄的主要学科。但是，不把生物学考虑在内，它就是荒谬的。物理和化学的某些最难解决的问题是矿物学的领域，特别是，例如变质作用的方式和原因。寻找在地质时代和历史时代方面共同尺度的最理想尝试，是克罗尔(Croll)博士关于周期性发生的冰期在天文学方面的解释。这一点就到此为止。依我看来，地质学和地理学的真正差别在于：地质学者观察现在以便解释过去，而地理学家观察过去以便解释现在。这一方法早已由一位最伟大的地质学家为我们探索过。

阿奇博尔德·盖基博士在他的《地质学教科书》中，对这个问题提出了如下清楚、易懂的限定意见[①]：

① 阿奇博尔德·盖基：《地质学教科书》(*Archibald Geikie, Text-book of Geology*)，1882 年，第 910 页。（阿·盖基，1835—1924，苏格兰地质学家，曾在爱丁堡大学任教。——译者）

“调查一个国家的地质史要涉及两种截然不同的研究方法。我们可能首先考虑地表下面岩石的性质和排列，着眼于查明从这些现象记录下来的关于自然地理、动植物生活连续变化的情况。但是除了岩石的历史以外，我们还可以尽力考察地表本身，如由岩石变迁形成的山脉和平原、河谷和峡谷、山峰、隘口和湖盆的起源和交替。这两种研究方法，追溯起来，是互相融合在一起的；但当人们继续向前追溯到以后的年代，它们就变得越来越有区别。这是非常明显的，例如，一大片海洋石灰岩隆起成为群山，经过河流峡谷的挖掘以及河谷的横切，在人的心目中呈现两种截然不同的画面。从它的起源这一边看，在我们面前的岩石是一片海底景色，在海底上面沉积着大量历代海洋钙质动物的遗迹。我们或许能够考察每一个海床，精确地标明它的有机物，并且确定动物学的演替，那些叠加的海底便是这些演替的记录。但是我们可能很难解释这些在海里形成的石灰岩是如何会像现在一样矗立在那里的，这边上升成山，那边下沉成谷。岩石和岩石中的种种物质成为一项研究的主题，它们现在景象的历史则又是另一个主题。”

莫斯利（Moseley）教授在他关于《地理教学的科学方面》（The Scientific Aspects of Geographical Education）的演说中支持这同一个概念。我们从同一文集的许多其他讲稿中援引以下段落[①]。

“把自然地理学看做是从地质学里分出来的一部分——这种派生之所以应予实施的理由是：有一门这样形成并为了特别对待

① 《皇家地理学会教育报告集》（*R. G. S. Educational Reports*），1886年，第228页，莫斯利教授。

而集结在一起的学科，它对总的教育目的来说，要比地质学本身更需要和合适。这门学科将会吸引更多的学生并会起到杠杆作用，来促进对作为特殊研究的科学项目中其他分科的研究，并且肯定会促进对地质学本身的研究。

“人们经常提出反对在大学设立自然地理学教授职位的主要论点是：这门学科早已包括在地质学教授的课程内，不过盖基教授显然不是这样看的，在他的一封前已提到的信中指出：‘地质学的领域范围每天都在不断扩大，而它就是对最勤奋的教师的能力来说，也已是过分的宽阔了’。”

在文章的这一段落里，莫斯利教授提倡为自然地理学设立一个教授席位。我们决不能从这一点就断定他反对地理学的统一性。因为在他讲稿的其他部分里，这一点是讲得很清楚的。

“不管怎么说，虽然目前也许还不可能保证把地理学作为一个整体的提议，因为它的界限显然很模糊，容易招致四面八方的抨击，可是如果我们坚持自然地理学的主张，或许会有成功的机会。”

再说，“自然地理学作为特别适应综合学习目的的一门学科，作为一种能获得称为政治地理学知识的唯一真正的基础，难道不应该让它成为文科教育的一部分吗？”

对于否定地理学统一性的理论给地理学造成的损害来说，可能没有其他例子能比自然地理学的例子更显而易见的了。这个学科已经听任地质学家的摆布，以致造成地质学方面的偏见。诸如火山、温泉、冰川等现象都汇集在各章里，而不顾它们发生的所在地区。从地质学家的观点看，这就足够了——他一直在看着他的罗塞达碑[①],弄明白个别难读难懂的文字和符号是非常重要的;但整个段落的意义,即记载着事件的叙述(可供解释其他史料之用)则是不重要的。但是这样的科学不是真正的自然地理学,阿奇博尔德·盖基博士在他的《自然地理学的要素》(*Elements of Physical Geography*)[②]中明白地告诉我们,他是在把这些词作为地文学的等同语来加以使用的。真正自然地理学的目标在于为我们作出一个关于地球表面特征分布的因果描述。材料必须重新集中在地形学的基础上。如果我冒昧地有点突然把问题提出来——关于某个特定的特征,地文学问道:"这是为什么?"而地貌学问的是"那是什么地方?"自然地理学问的是"为什么在那儿?"政治地理学问的是"在社会上,它是如何作用于人类,以及人类对它是如何反应的?"地质学问的是"它帮助解决了过去的什么疑难问题?"对于地质学家和地理学家来说,地文学是共同的基础。前面四个问题是地理学家的领域。问题接二连三地出现。你可能在其中的随便一个问题上突然停住,但按我的看法是,你不能圆满地回答后一个问题,除非你已经回答在它前面的那些问题。按照地质学的严格意义来看,地质学本身无须进入这个持续的争论。

我们将会为地理学的目的,举出两个例子来说明当今(地质的)自然地理学的不足之处,甚至当我们把它当做地文学时也是如此。

① 罗塞达碑(Rosatta stone),1799 年在尼罗河口的罗塞达城郊发现的埃及古碑,上刻埃及象形文、俗体文和希腊文三种文字。该碑的发现为译解古埃及象形文字提供了线索。——译者

② 1884 年的新版本,第 3 页。

首先是对于诸如火山和冰川等这类课题给以过分突出的地位。对于这一点，我的注意力有几次被你们的助理干事贝茨先生吸引过去。在地质学家所写的书里，这种情况是十分自然的。火山和冰川都是在它们发生以后留下来的最明显、最有特征的痕迹的现象。因此，从一个地质学家的观点来看，它们是非常重要的，而且很值得予以特别研究。但其结果却类似一本由古生物学家所写的生物学著作。例如，我们可以在其中找到关于蜗牛壳极其详细的叙述，但是相对地说，它却忽视了里面更加重要的软体部分。

另一个是一个实际的例子,对所有善于思考的旅行者来说,它必定会产生感受。假定你沿着莱茵河上游作一次旅行,如果你不问你自己诸如下列的问题,那么,你准是一个丝毫没有好奇心的人。这些问题是:为什么在经过莱茵河蜿蜒流过的高度几乎和它周围相等的好几英里的平坦地区之后,我们会突然来到河流穿过一个峡谷的一段河道呢?当我们到达宾根时,为什么峡谷突然不再向前延伸,而成为由平行山脉围成的一个湖形山谷?我没有见过有什么普通的自然地理学能恰当地回答这类问题。如果碰巧你拥有这个题目的专门的知识,你便会知道,如果你仔细查一下《地质学会学报》(*Journal of the Geological Society*)①,你就会看到安德鲁·拉姆齐(Andrew Ramsay)爵士所写的一篇关于这个题目的有趣文章。但这意味着你要花时间,有机会在原始根据中间进行学术研究工作,即使如此,你的收获也将是很微薄的。因为只有一些

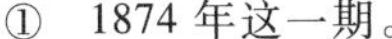

① 1874 年这一期。

孤立地区才是这样处理的。

我愿以建设性的尝试来结束讲题的这一部分。我将选择一个大家全都熟悉的地区，以便你们的注意力可以集中在方法上而不是在事情上，让我举英格兰的东南部为例。处理这样一个地区的地理的方法，通常是用一种自然的观点，首先从海岸，然后从地表进行描述。沿着海岸的海角和小海湾以及地表上的群山和河谷，分别按次序列举。然后有一张政治区划一览表；进而再有一张主要城市一览表，并说明它们坐落在哪条河流的岸边。在有些情况下，可以添上几点有意思而只是孤立的事实，作为提出一些名目的聪明借口。在这类著作的政治部分，再佳妙也超不过一套健全的记忆法。至于自然部分，我的看法是所有的教科书一概犯有一个基本错误。它们把海岸和地表的描述割裂开来。这对于正确如实地表示因果方面的连锁关系非常不利。地表的起伏与海岸的弯曲，同样是两种力量、岩层的不同抗蚀力，以及大气和海洋的不同侵蚀力相互作用的结果。这种侵蚀力，不管它是表面的还是边缘的，对岩石的形态同样都起作用。为什么那里会有一个弗拉姆保罗格海岬？[①] 为什么那里会有一个约克郡丘陵地？它们只是同一个向上倾斜的白垩层地块边缘上的两个尖端而已。

让我们试着建立能显示一系列连续不断因果关系的英国东南部的地理学。让我们设想将一大片白垩层，像一块白桌布覆盖着桌子那样铺盖着大地。让这一片白垩层有几处出现天然的褶皱，

① 弗拉姆保罗格海岬（Flamborough head），英国东北部的岬角，位于约克郡的海岸线上，岬上有若干洞穴，还有一座灯塔，岬高约130米。——译者

就像一块桌布由一双粗心的手铺着那样。一条沟①从肯尼特往下到达雷丁，然后沿着泰晤士河出海。一条山脊往东，穿过索尔兹伯里平原，下到韦尔德林区的中心地带。第二条沟沿着弗罗姆河谷和它的海底绵延地带——索伦特（Solent）和斯皮特黑德向前伸展。最后，还有第二条山脊穿过普尔贝克（Purbeck）岛和现在已与它脱离的怀特岛。设想这些山脉和沟没有受到侵蚀作用。地层的曲线就会与地表的曲线平行。山脉将是顶部平坦、宽阔。沟将是底部平坦、宽阔。随着肯尼特－泰晤士沟向东延伸，就会出现沟身越来越宽阔的特征。连接沟底到脊顶的山坡的陡峭程度将会变化。人们不能假装说陆地从来没有出现过这种画面。隆起和侵蚀作用经常是同时发生的。就像议会大厦那样，在大厦完工之前，毁坏的过程就开始了。排除侵蚀只是显示岩石简单排列的一项权宜之计，坍陷所造成的明显紊乱掩盖着这种简单的排列。还有一点事实，那就是坚硬的白垩层上、下部都填充着柔软的黏土层，我们已经利用地质学的知识描绘出我们所需要的图景。

模型业已完成，现在需要使用凿子。空气和海洋的力量把我们的布块撕得粉碎。可是桌上褶皱的布就像上了浆的布那样僵硬，我们所描述的沟和山脊并没有塌落。它们毁坏了的边缘和顶端部分像山脉和海角那样直挺挺地凸出。埋在上层黏土下面的沟底，沿着伦敦和汉普郡盆地形成一条条河谷。大海侵吞着柔软的黏土，形成了泰晤士河口的大海湾和比较狭窄但更加错综复杂的

① 这里沟和山脊是用来表示向斜和背斜的意思。我们必须注意把它们与河谷和丘陵区别开来。正如我在这篇论文中所指出的那样，这两者常常是互为因果的，但它们绝不是等同的。

海沟。这些海沟从普尔港经过索伦特一直延伸到斯皮特黑德，又分成多支伸入南安普敦水域和朴次茅斯、朗斯顿和奇切斯特各海港。白垩层向上扭曲的边缘产生一条很长的山脉，有着各种名称：伯克夏当斯（Berkshire Downs）、奇尔特恩丘陵和戈格马戈格（Gogmagog）丘陵，以及东盎格鲁高地。这条山脉的西北方邻接着肯尼特－泰晤士盆地。南当斯（South Downs）丘陵和北当斯（North Downs）丘陵相对而立，出现一个背斜，其基石已被搬移。就是这个背斜结构形成了索尔兹伯里平原，并且向东延伸到汉普郡的白垩高地；但是，在这里基石虽然受到破坏，却并没有完全磨蚀。比奇黑德（Beachy Head）和南福兰兹（South Forelands）、北福兰兹（North Forelands）只不过是当（Down）山脉向大海方向突出的部分。北当斯丘陵的尽头并不像比奇黑德那样是一个孤独的海角，而是一条长悬崖，它的两头就是南、北福兰兹，这一事实可能使人们注意到常常出现在地面坡度和地层斜度之间的关系。我们前面提到过：如果我们的结构单一的山脊与沟的系统真的得到公认的话，那么连接脊顶和沟底的斜坡在陡峭程度上将会是参差不齐的。如果我们记住在“恢复”的废墟上的一座丘陵的位置，我们就会不光记住它的走向，还会记住它两边地形的相对陡峭程度。一边是由倾斜的地层所造成的，另一边则是地层被截断的悬崖。关于地层的斜度，这将取决于当我们爬上悬崖时，在我们面前看到的是急剧的倾斜还是起伏的高地。在这方面，可以把形成东英吉利和肯特广大地区的两个白垩高地，与奇尔特恩和霍格巴克（Hog Back）这两个狭窄山脊对比一下。奇尔特恩西北方的悬崖延续到东英吉利西部的崖壁，奇尔特恩东南方的斜坡与形成诺福克宽阔高地的斜坡相连接。在奇尔特恩这边，斜坡是陡峭的；而在诺福克方面是平缓的。肯特的高地同样也是霍格巴克的延伸部分。霍格巴克南部的崖壁变化不大，然而北面斜坡都是陡峭的，虽然它在肯特的延续部分只有很轻微的倾斜。正像我们即将看到的那样，这一丘陵的末端扩展，在英国历史上曾经起过重要作用。这种扩展可以被认为是肯特－泰晤士盆地向东变宽所造成的。人们会注意到泰晤士河河口湾的两岸，整个地势与标志盆地边缘的丘陵平行：北岸与洪斯坦顿波因特（Hunstanton Point）丘陵到奇尔特恩丘陵形成的弧线平行；南岸则与北当斯丘陵更直一些的丘陵平行。

这个地区的河流天然地分成三类。第一类属于那些沿着东英吉利斜坡往下流的河流。结果是它们成了许许多多的河流，并且大致是平行的。它们并不汇成一条大河，在地图上呈现树枝状。第二，那些沿着大沟往下流的河流，一方面是在雷丁以下的肯尼特河和泰晤士河；弗罗姆河和由索伦特河、斯皮特黑特河形成的海底延伸部分是另一方面。泰晤士河的许多支流是显而易见的。但是弗罗姆河树枝状的特点却不是很明显的，除非把它的海底延续部分也计算在内。那样，弗罗姆河、斯图尔河（Stour）、阿冯河、特斯特河（Test）、伊钦河、麦迪纳河就会汇合成一条大河，河口在怀特岛的东面。这样的一条河实际上很可能是存在的。最后，还有一些河流经过峡谷直接流过白垩丘陵，如雷丁以上的泰晤士河和韦尔德森林带的各种各样的小河。这种情况是难以理解的，除非我们假定地层的背斜结构原来就是完整的。这样，这些河流会根据普通的静水压力原理，沿着山脊平坦的坡面往下流。除了岩石弯曲以外，这一地区唯一需要作特殊解释的突出特征，便是形成邓杰

内斯(Dungeness)铺满圆卵石的河滩①。

这是对地面进行的一般剖析。地面对人类已经发生了什么样的影响?在森林和沼泽带中间三个广阔的高地在早年占有突出的地位,人们可以在它们巨大的空地上采取对付自然界最省力的方式来建立家园。在凯尔特人的语言中,这些高地被称作“奎恩特”(Gwent),这个名称又被拉丁征服者讹成“文蒂”(Ventae)。这些都是我们熟悉的白垩高地:索尔兹伯里平原和汉普郡的背斜顶,以及东英吉利和肯特的白垩丘陵末端的延伸部分。在东英吉利有文塔伊森诺龙(Venta Icenorum);在肯特和坎特伯里,我们又遇到另一个“奎恩特”的遗迹②。温彻斯特(Winchester)③的第一个音节完成了三连音符。以后(仍然在早年),它们是构成日耳曼族主体的三个种族的最初安乐窝。盎格鲁人定居在诺福克和萨福克,朱特人住在肯特,撒克逊人住在汉普郡。在更往后的英格兰境内,温彻斯特、坎特伯里和诺里奇都属于中世纪的主要城市行列。今天,这些地区中至少有两个,在标志其居民的特征上留下孤立状态的痕迹。沼泽地带把诺福克与外界隔绝,韦尔德森林带围绕着肯特。这两个地区的人民在英国历史上占有特殊的地位,“诺福克人”和

① 在这篇草稿里,我省略了利思丘陵和苏塞克斯的福雷斯特山脉的说明。它们也同样要取决于岩石的弯曲,但是要说明它们的原因就得占据文章中很大篇幅,而本文仅仅旨在表明方法,而不是对专题作详尽无遗的论述。

② J. R. 格林(Green)也会持这种看法的。见《英国的创建》(*Making of England*, 1882)第9页。但是伊萨克·泰勒(Issac Taylor)认为 Kent 一词来源于 Cenn,是西姆里人(Cymry) Pen (头,突出部分)一词的加尔德语(Gadhelic)形式。见《名词和地名》(*Words and Places*,1885)第148页。

③ 即 Venta Belgarum。

“肯特人”一向有一种明显的反抗的气质。

在东部和南部有四个大城市,我们已经提到过三个。第四个大城市是伦敦。地理条件决定它要成为宏伟的大城市,地图将会立刻清楚地表明这一点。沼泽和森林地带迫使以诺福克和肯特为一方,和以英格兰其他地区为另一方的道路穿过伦敦这一总的方向。肯特离欧洲大陆最近,因而华特林大街不仅是肯特的道路,也是通到佛兰德的道路。在丘陵把泰晤士沼泽迫束得最狭窄的地方,就是华特林大街的天然通道;先是一渡口,后来是一座桥。这个地点位于塔山(Tower Hill)与德尔维奇(Dulwich)和锡德纳姆两个高地之间。伯蒙齐,即伯蒙特小岛,是一个干燥地点,像是从四周沼泽地中凸起的一块踏脚石。紧靠深水两岸的坚硬地基,作为修建桥梁或渡口的“起点”是必需的,对于建造一个码头也是必需的。于是以后在这里就成为一个好多条天然道路的交叉点,它是两岸的天然歇脚地,因而也是一个城市肯定会崛起的地点。如果这座城市一方面通陆路、另一方面又通水路的话,就更显出它的重要性,因为它将成为一个客、货转运的地方。如果这个城市是河流和海洋交通的必需交会点,地位就更加显得重要了。泰晤士河河口与斯凯尔特河河口对应的位置,甚至包含着更重要的意义,它决定了互相联系着的伦敦与安特卫普两个大城市的成长,也决定了英国大部分的大陆政策。因此,许多原因就是这样地合力维持伦敦的伟大。这是一件要注意的事实,它是伦敦从古到今不断发展的秘密。一个特定地理特征的重要性随着人类文明的程度而发生变化,依靠某一有利自然条件的城市可能在任何时候衰落下来。

某一项简单的机械的发现也可能影响这种变化①。

关于城市问题就谈到这里。最后谈谈政治区划问题。有两种政治区划:天然的和专断的。法国划分为省的老区划和划分为县的革命区划所显示的对比,可以用来表示两者的区别。一种是不自觉的过程的结果,例如几个较小的邦合并成一个较大的邦;另一种是自觉的立法的产物。在英国,这两种区划是并存的。英格兰中部有专断的区划,它们的郡区以首府的名称命名,这可能起源于对麦西亚的划分②③。另一方面,在东部和南部的这些郡是自然合并的,有着表示它们不同起源的名称。在专断区划的情况下,边界很可能也是专断的;天然区划的边界通常是天然的,而且可能有两种。移民从一个中心扩散出去,直到他们遇到天然的障碍或者其他离心聚落的反对才会停止。在我们研究的区域中,我们看到后一情况的一些很好实例。萨里、肯特和苏塞克斯的居民总是愿意在白垩丘陵和白垩高地上建立家园,然后缓慢地进入森林带,直到他们各自的先遣队在中心点相遇为止。这些郡的边界线,恰恰是在这种环境下我们应当预料的那种状况。我们可以把划分萨里和苏塞克斯(为一方)与伯克郡和汉普郡(为另一方)的边界看作这种情况。它穿过一片大部分位于巴格肖特沙地上的公共区域。除

① 我在这里解释伦敦的"伟大"时,并没有指出塔山具有充分的重要性。这个"山丘"或山堡无疑决定了伦敦现在的这个位置,但是上文提到的其他原因决定了它的伟大。

② 请考虑 J. R. 格林的《英格兰的征服》(*Conquest of England*,1883)第 141 页的注,但注意与伊萨克·泰勒的《名词和地名》(1885)第 179 页的说法比较。

③ 麦西亚(Mercia),英国历史上盎格鲁-撒克逊人在英格兰建立的王国之一,领土介于威尔士、汉博(Hamber)河、东英吉利和泰晤士河之间。——译者

非较好的土地已经人满,这种不毛之地是不值得占领的。我们再以沼泽地带为例,有五个郡的郡境呈舌状伸入这一地区。

时间不允许我们进一步讨论这个专题。主要的结果就是这些。那些决定了英格兰东南部主要城市和政区的位置、数量及重要性的两个大海角、两个大海湾和三个大片林区空旷高地的成因,可以用白垩的褶皱及其与上下岩层相比较的硬度来说明。同样的推理过程可以继续应用于任何需要的详细程度。任何其他区域的地理,都可以用类似的方法去研究。进一步说,一旦掌握了少数简明的有关地质的观念以后,就能用几句话来表达有关某个地区的一个生动、准确的概念。掌握第一次应用的方法也许比掌握旧的方法需要更大的努力,它的妙处在于每一个新的征服都为获得成果不断铺平道路。

让我们以建议的方式总结我们有关地质学与地理学关系的几点成果:

1. 认识岩石圈的形态是必不可少的;

2. 只有掌握决定其形成的原因才能正确地、清楚地记住它;

3. 这些原因之一是岩石的相对硬度和排列;

4. 但是只有与地理学的论据有关系的地质学资料或推论,才能够接受,它必须有助于回答"为什么那里会有这种特定特征"这个问题。

布赖斯先生的其余两类环境因素,只需略加评论就可以了。气象学和地理学之间的区别必然是一个实践的问题。气象学的内容这么多,它充分地论述了天气;天气预报不是地理学家所需要的。只有平均的和周期性出现的气候条件才在地理学家的知识范围之内。即使在这里,地理学家也必须常常满足于采用气象学的成果作为资料,正如气象学本身接受物理学的成果一样。地理学包含的内容太多,特别是德国人的著作,这是一个错误。地理学涉及许多学科,但它并不整体地包括这些学科。甚至连伟大的佩歇尔(Peschel)也在他的《自然地球学》(*Physische Erdkunde*)一书中,包括了关于气压计的讨论和校正气压计所需的公式的论证①。这种离题话是地理学家常被一再指责为仅仅了解所有科学的一点皮毛的原因。我们的论点是地理学有独立的工作领域,它的材料可能与别的科学的材料重合,但地理学的职能是指出这些材料之间某种新的关系。地理学必须是一种连续的论证,某一论点是否包括进去的检验标准是:它与论证的主线有关吗?从论证的观点看,引用的材料允许离题多远当然是一个实践的问题。一般说来,如果任何其他科学能够证实它们的话,它们就不应当包括进去。

布赖斯先生的最后一类是区域的生产。矿藏的分布对于岩石结构来说显然是偶然性的。我们需要提到它,只是为了向先前已经在锤击的钉子上再敲一下。至于动物和植物的分布问题,我们必须应用在上一段里已经提到的检验标准——它和地理学论证的主线关系有多深?我们所谈到的这些动物和植物,在人类环境中形成多少值得重视的因素,它们的分布就有多少重要的关系;情况是由于这种分布给地理条件的变化提供了证明,如证明岛屿与大陆的分离或一条雪线的退缩,因而也是有关的。但是详细研究动物和植物的分布,并将其作为理解这些生物进化的一种手段,就绝

① 见该书(第二版)卷2第118—127页。

不是地理学的组成部分。它是动物学和植物学的组成部分。为了对它们本身进行研究,学习一点地理学是必需的。

实际情况是所有科学的界限,必然是天然地折中的。正如我们以前说过的,知识是统一的整体,它的分化成各个学科是对人类软弱的一种让步。作为这一点最有力的例子,我们将研究一下地理与历史的关系。这两门学科在其开初阶段显然必定是携手并进的,在达到较高阶段以后就各奔前程了。历史学家的全部工作是对原始文献作鉴别的和比较的研究。他既没有时间,通常也没有心情为了选择他所需要的事实和观念而去自己探索一门科学。为他们去做到这一点的是地理学家的职责;另一方面,地理学家也必须研究历史以便证实他所提出的关系。最后总是被推论出来的那些统治着这类关系的法则本身,会使人们有可能写出大部分的“史前”史著作。约翰·理查德·格林的《英国的创建》一书的大部分内容,是从地理条件中推论出来的历史过程。

现在剩下来的问题是,我应当开始谈谈什么是我所设想的地理学论据的主线。我分成两个阶段来谈。首先是一般性的,诸如可以从大学课程的教学大纲或从教科书首页目录上获得的那些论据。其次是把这些论据专门用于解决一个特定的问题——例如为什么德里和加尔各答应当分别成为印度旧都和新都的理由。

我们设想先有一点地文学知识。于是我们就将从一个没有陆地的地球这一观念出发,并且建立起一个关于类似力学的地球概念。首先,牛顿的定律是在绝对严格的假设基础上,以理想化的简明方式表示的。直到这些定律牢牢地记在头脑中以后,我们才会把弹性和摩擦力抵消的趋向提出来。我们也将这样动手研究地理。想象一下,在没有陆地的情况下,我们的地球是由三个同心的球体——大气圈、水圈和岩石圈组成的。两种巨大的世界性力量将发生作用——太阳的热量和地球的自转。显然信风体系的势力将不受任何阻碍。其次,会出现第三种世界性力量——地轴对于轨道面的倾斜和地球绕太阳的旋转,结果是把信风隔开的无风带在回归线之间产生年变程。第四种,也是最后一种我们称作世界性的动因,是在地球轨道的椭圆率和地轴偏斜的长期变化,这会导致信风体系的年变程及其强度的类似变化。

到此为止,我们就谈经度的变化。如果纬度、高度、年内的季节、长期内的年份是已知的,气候状况就可以从非常有限的资料中推论出来。现在我们撇开最初的假设,以地球目前的状态设想:它被加热,正在冷却,在收缩,在起皱纹。它过去被加热,现在正在冷却,所以目前正在收缩,结果外层较冷的地壳发生皱纹。岩石圈与大气圈、水圈就不再同心了。海床被抛入海脊和海沟。海脊突起伸入水圈,并穿过水圈进入大气圈。它们成为世界流体的道路上的障碍物。它们好比在水流湍急的河床中的石块,水流撞击它们,并被迫而改变自己的方向;水流或者跳过它们,或者在它们上面裂开。这种纯机械的作用,从南赤道漂流在圣罗克角(Cape San Roque)的分叉看得很清楚。圣罗克角对英格兰的气候有特殊的影响。在风上升而越过山链时,"跳过去"的行径是明显可见的,其结果是水汽覆盖着各个山坡。但是除掉这种机械作用以外,还有主要由陆地和水体的不同比热所引起的热力原因的变化——这样就形成了季风。巨大皱纹的位置,具有特殊的意义。假若大陆不是以三大条带跨过赤道而是东西延伸的话,气候就能大致地用纬

度来指明了。

我们可以按照同一方式对地表进行分析。如果设想这是没有陆地的地球，你就会看到大气环流和水循环的原动力。如果把你的概念换成一个起皱纹的地球，你就会理解由于机械的障碍和热量的参差不一，如何使你的简单水流和气流分化成几乎是无限的、但仍然有秩序的复合体。

但是，我们还必须再前进一步。岩石圈的形态并不是固定的，收缩仍然在进行，旧的皱纹被抬升了，新的皱纹又产生出来。当它们隆起的时候，它们的毁灭也开始了。水流和气流始终在进行移开那些阻挡它们道路的障碍物的工作。它们企图达到理想的环流简单化。因此，地球表面的面貌是经常地变化的。它们的确切形态，决定于它们过去的历史以及目前的状况。它最近的各种变化，是地理学最具魅力的篇章中的一个课题。岩屑沉积建造了平原，大陆使岛屿诞生。证据来自许多方面——鸟类的迁移路线、动物的分布，或者邻近海域的深度。

每一个后继的篇章都以前一篇章为出发点，论据的连续性没有间断。从障碍物的位置和风吹经的道路，可以推论出雨量的分布。有了皱坡(wrinkle-slope)的形态和分布，以及降雨的分布，水系也就得到了解释。土壤的分布主要是由岩石的结构决定的，随着对土壤和气候的考察，也就把地球分成以植被为基础的各个自然区。这里，我并不是指植物种属的分布，而是指可以称作地球的植被那些概括性的类型——极地和热带的荒漠、温带和热带的森林，以及可以组合成草原的地区。

现在让我们再深入一步进行考察。这里最好使用两个术语。

"一种环境"是一个自然区;自然区的面积愈小,全区内同一性或近似同一性的条件的数量就愈大。因此,我们有着不同等级的环境,它们的外延和内涵,借用逻辑学的名词来说,呈相反的变化。我们再谈团体(community);"一个团体"是有着某些共同特征的一群人。团体愈小,共同特征的数量就愈大。团体有不同的等级——种族、国家、省、城镇,最后两个词的含义是指人们的法人组合。使用这两个术语,就能精确地进行像揭示两个团体对一种环境和一个团体对两种环境的影响这类讨论,例如,在不列颠、美国、澳大利亚三个环境中的地理条件是怎样使英格兰人分化的?

任何地方的政治问题,都将以对自然特征考察的结果而定;对于人口稠密的集团,需要一定的气候和土壤条件。一定的人口密度,对于文明的发展似乎是必需的。新大陆中秘鲁和墨西哥的古代高地文明与旧大陆中埃及和巴比伦的古代低地文明的差别这些问题,就可以按照这些原理来讨论。其次,相对地未经扰动的地层通常构成广阔平原的基础,而广阔的平原似乎特别有利于均一种族(如俄国人和中国人)的发展。还有,动物、植物和矿产的分布,对决定当地文明的特征大有影响。让我们从这方面考虑一下旧大陆、新大陆和澳大利亚的一系列关于谷物、驮兽的比较财富的问题。

研究人对自然的反作用,将是地理学中最迷人的篇章之一。人类改变他们的环境,结果是环境对人类后代的作用发生变化。自然特征的相对重要性,按照知识和物质文明的状况而在各个时代不断地变化。人工照明条件的改进,已经使圣彼得堡的一个巨大社会有可能生存下去;通向印度的好望角航线和新大陆的发现,导致威尼斯城的衰落。蒸汽机和电报的发明,使现代的国家有可能拥有巨大面积。我们可以举出大量这类的例子,我们可以把它们分组归类,但我们现在的目的只是指出这一课题的可能性。然而,有一件事必须牢记心头。一个特定时刻的历史进程,不论是政治、社会或人类活动的其他方面的,不仅是环境,而且也是以前所取得的动量的产物。必须承认人主要是习惯的奴隶这一事实,例如英国人在许多异常事物成为有某种程度毒害的东西以前,总是对它们容忍的。我们必须牢记这种倾向在地理学中的影响。就米尔福黑文(Milford Haven)目前的情况说,在对美国的贸易上,它的自然条件远比利物浦优越,可是后者不管怎样在最近的将来不可能让位于米尔福黑文。这是一个惯性力的例子。

我们现在打算讨论我们答应过的专门实例。我们将从头谈起。我们从太阳的热量和地球的自转来说明信风系。我们从那种热量对巨大亚洲的影响来推论信风系的季风变化。在季风区内,集中了亚洲八亿人口中的七亿人左右。喜马拉雅山脉的延伸方向与西南季风斜交的结果,是印度洋的水汽弥漫了它的南坡。这样,山链方向的头等重要意义就显示出来了。雨水从山脉上把岩屑冲刷下来,并在山前形成肥沃平原。因此,沿着喜马拉雅山南麓,有一条拥有维持大量人口所需的气候和土壤条件的地带。实际上,我们发现整个半岛[①]的五分之二人口集中在孟加拉、西北和旁遮普等省;虽然这三个省只占半岛总面积的六分之一稍强。再有季风包含的丰富水汽与喜马拉雅山的高度(它是较新的皱纹的产物)结合起来,在雪线以上形成丰富的冰川系统,其后果之一是平

① 指印度半岛。——译者

原上的河流全年有水,航道畅通,这就具备了发展文明的两个有利条件:人口稠密和交通方便。

一个富庶的文明社会是对征服者有诱惑力的地区。现代的征服者包括两种人——“陆狼”(land-wolf)和“海狼”(sea-wolf)。他们是怎样分别进入位于恒河河谷的掠获地的?请首先考虑一下印度的向陆一方边境。在东北部,喜马拉雅山脉对于一支军队实际上是无法通过的[①]。西北部是苏莱曼山脉,贯穿着许多山口。从以苏莱曼山脉为边界城垣的伊朗高原上,卷来了一次又一次的征服者的浪潮。但是在山脉界线以内,却是一个有效得多的障碍——塔尔沙漠(或印度大沙漠)及其延伸部分,即卡恰(Katch)的兰恩沙漠。这道壁垒从海边开始几乎直到喜马拉雅山脉,与苏莱曼山脉平行伸展。在塔尔沙漠与喜马拉雅山麓之间,肥沃带最为狭窄。不管是谁要想进入恒河河谷,都必须穿过这道大门。亚历山大曾经前进到它的入口处。当时他改变方向,向右沿着印度河进军,使印度得以幸免。紧邻这条通道的东端是德里城,它矗立在朱木拿河—恒河航运的起点,是陆路和水路的客、货转运地,因此德里是一个天然的商业中心。它也是亚洲的征服者天然的行动基地,左侧傍山,右侧毗连沙漠,后方的交通线安全可靠。这个地区的重要战略地位没有逃过英国人的眼睛。这里还有印度的夏都西姆拉。此地也是军营最密布的地区,并有许多战场。关于德里就谈这些。现在谈加尔各答。从海上到印度特别困难,巨大的拍岸浪拍打着它的东海岸,我们不得不耗费巨资在马德拉斯建设一

① 历史文献的记载中只有一个例外:一支中国军队一度成功地到达尼泊尔。

个海港；西海岸固然有许多良港，但在它后面有西茄茨山的陡坡隆起。季风带来的倾盆大雨，使山坡上覆盖着茂密的森林，到现在还是世界上一些最野蛮的种族的居住场所。在孟买背后，现在铁路已经穿过山脉；但直至不久以前，山脉仍然是交通的最大障碍。葡萄牙人在果阿定居[①]，但并不能向前推进；孟买是英国在印度的最早领地[②]，但孟买辖区却是最后建立的。恒河河口附近一带是印度最大的天然海上大门，就在这一带的胡格利河畔的加尔各答，英国建立起自己的基地。加尔各答是河运与海运的连接地，因而也是一个商业中心；它也是从海上来的征服者的天然行动基地。他们从这里扩展势力，深入内陆。旧日的孟买辖区和马德拉斯辖区，后来分别改为单独的省，但孟加拉辖区却划分为孟加拉、西北、旁遮普和中央等省份，我们几乎可以再加上阿萨姆和缅甸[③]。因此，总结起来，在这条肥沃带的两端有着印度的两座大门——开伯尔山口[④]和胡格利河。沿着这条肥沃带的巨大通道是朱木拿河—恒河；在河流航道的两端，各矗立着一个战略的和商业的首府，一端是德里，另一端是加尔各答[⑤]。

到此，我们已完成了对地理学的方法和范围的概括论述。我

① 果阿在1510年被葡萄牙占领，1961年由印度收回。——译者

② 孟买是英国最早的领地，再早一些时间，英国曾在苏拉特和圣乔治堡设立一批工厂。

③ 英国殖民主义者在武力侵占缅甸后，一度把缅甸划为英属印度的一个省。——译者

④ 开伯尔山口在今巴基斯坦和阿富汗之间。——译者

⑤ 加尔各答（Calcutta = Kali Katta），意为卡里女神的村庄。这里产生一个问题：为什么不是别的村落而是这个特别的村庄能崛起成为一个大城市？我愿意建议使用“地理选择”这个名词来代替类似的“自然选择”。

相信,按照我所概述的方法而写成的地理学著作,将能立即满足政治家和商人的实际要求、历史学家和科学家的理论要求,以及教师的知识要求。地理学固有的广度和多方面的内容,应当宣称是它的主要长处。同时,我们也必须认识到,这些正是使地理学在一个专家时代被"怀疑"的特质。这将是对我们所面临的文化分裂这一威胁的长期的抗议。在我们祖先的时代,古代名著是整个人类文化的共同要素,是专家们可以相互接触的一个园地。世界在变化着,看来名著也变成一项专业,不管我们对已经发生的事情的变化表示遗憾或者欢呼,我们同样有责任去找出一种代替的手段。在我看来,地理学似乎是把这种必需的一些特质结合起来了。对于讲究实际的人说,不论他的目的是在政界出名或者积聚财富,地理学都是一个无法估价的信息宝库;对学生来说,这是一副兴奋剂,鼓励他们从这里出发沿着成百条的专业道路前进;对教师来说,地理学将是达到唤起智力的一种工具,当然旧式的校长阶层除外,因为他们是根据一门学科对学生所引起的反感来估价它的培训价值的。所有这些,我们都是从学科的统一性这一假设来说的。选择的办法是把科学与实用分开。接受这种办法的后果将是两者都遭到毁灭。实用的知识将被教师拒绝,而且在后半生中也难以领会;科学的知识将为大多数人所忽略,因为它缺乏在日常生活中可以利用的因素。老于世故的人、学者、科学家和历史学家将会失去他们的共同讲台,世界将会变得浅薄。

历史的地理枢纽

当遥远的未来的历史学家回顾我们目前正在经历的这些世纪，并像我们现在研究埃及历代王朝那样把它们缩短来看时，他们很可能把最近的这四百年描述为哥伦布时代，并且将认为这个时代在1900年以后很快就结束了。最近，地理探险几乎已成过去的说法已经是一种老生常谈，人们并且认为地理学必须转到细致的考察和哲学的综合这个目标上来。在四百年中，世界地图的轮廓已经近于准确地完成，即使在极地区域，南森（Nansen）和斯科特（Scott）的航行也已大大地减少了重大发现的最后可能性。但是二十世纪的开端，之所以作为一个伟大历史时代恰当地结束，并不仅仅是由于这一成就——虽然它是伟大的。传教士、征服者、农民、矿工和后来的工程师如此紧随着旅行者的脚步之后，以致这个世界的遥远边境刚一发现，我们就必须记录下它实际的完全的政治占有。在欧洲、北美洲、南美洲、非洲和澳大利亚，除文明国家或半文明国家之间的战争结果以外，几乎没有留下一块需要确认所有权申明的土地。即使在亚洲，我们正在看到的，也许是最初由耶马克（Yermark）骑兵，即哥萨克人和温斯哥·达·伽马的水手要弄的那套把戏的最后几招。概括地说，我们可以把哥伦布时代与它以前的时期作这样的对比：哥伦布时代的基本特征是欧洲几乎

是在没有抵抗的情况下进行扩张,而中世纪的基督教世界则被圈在一个狭窄的地区内,并受到外部的野蛮世界的威胁。从现在开始,即在哥伦布以后的时代,我们不得不再一次与封闭的政治制度打交道,而且这将仍然是一个世界范围内的问题。每一种社会力量的爆发,不会在周围的某个不为人知的空间和野蛮的混乱中消失,而是在地球遥远的一边引起强烈的反响,其后果是世界上政治和经济有机体中的薄弱成分,将被震得粉碎。一枚炮弹落到一座土木工事中,与落到一座高楼或船只等的封闭的空间和坚固建筑物中,其影响有巨大差别。很可能,对这种事实的某些意识,就会最后使全世界所有地区的政治家,把他们的大部分注意力从领土扩张转到比较生动的斗争上来。

因此,在我看来,在当前的十年中我们是第一次处于这种地位,即试图以某种程度的完整性来阐明较广的地理概括和较广的历史概括之间的相互关系。我们第一次能够了解整个世界舞台上各种特征和事件的一些真正的比例,并且可以寻求一种至少能表明世界历史中某些地理原因的公式。如果我们幸运的话,那么这个公式就应当具有透视当前国际政治中一些对抗势力的实用价值。关于"帝国向西进军"这句熟悉的短语,就是一项这类经验的和片断的企图。今天晚上,我打算叙述世界上那些我相信对人类行动最具强制力的自然特征,并且在地理学对它们并不了解的时代就已和历史有机地结合在一起,从而使历史呈现某些主要方面的面貌。我的目的不是要讨论这种或那种自然特征的影响,或者对区域地理进行研究,而是要展现作为世界有机体生活一部分的人类历史。我承认,我只能达到真理的一个方面;也无意踏上极端唯物主义的歧途。起主动作用的是人类而不是自然,但是自然在很大程度上占支配地位。我所关心的是一般的自然支配作用,而不是世界历史的原因。显然,能够达到期望的只是对真理的最初步接近。我将恭顺地听取批评。

已故的弗里曼(Freeman)教授认为:唯一能算作历史的是地中海地区和欧洲种族的历史。在某种意义上说,这当然是对的,因为使希腊和罗马的继承者统治整个世界的那些观念是来自这些种族之间的。然而从另一个而且十分重要的意义上说,这样一种界限起着束缚思想的后果。形成与仅仅是一群有人性的动物相对立的一个国家的各种观念,通常是在共同苦难的压力和抵抗外来力量的共同需要下才被接受的。英格兰的观念,是由丹麦和诺尔曼征服者打入赫普塔克人[1]的头脑中的;法兰西的观念,是与匈奴人在夏龙的战争以及在与英国的百年战争中,被强加给互相对抗的法兰克人、哥特人和罗马人的;基督教世界的观念产生于罗马人的迫害时期,到十字军运动中才成熟;只是由于经过长期的独立战争,合众国的观念才被接受,地区殖民者的爱国心才衰落消亡;在南日耳曼,只是在与北日耳曼结成伙伴反对法国的斗争以后,才勉强接受日耳曼帝国的观念。我把注意力集中于各种观念及其成果——文明上的这种可以称之为历史的文学概念,易于忽略那些更基本的运动,而那些运动的压力通常是孕育伟大观念的那些努力的激发原因。一个讨厌的人物,在使他的敌人联合方面完成了

① 赫普塔克(Heptarchy)是中世纪早期英国历史上七国时代的七个国家。——译者

一种有价值的社会功能;正是在外来野蛮人的压力下,欧洲才实现它的文明。因此,我请求你们暂时地把欧洲和欧洲的历史看作隶属于亚洲和亚洲的历史,因为在非常真实的意义上说,欧洲文明是反对亚洲人入侵的长期斗争的成果。

在现代欧洲政治地图中最明显的对比是:由俄国占据半个大陆的广阔地域和由一群西欧国家占有较小领土所显示的情景。从自然条件的观点来看,当然在东部连续的低地与由复杂的山脉、河谷、岛屿、半岛所一起组成的世界这一地区其余部分之间,也存在一种类似的对比。初看一下,在这些熟悉的事实中,似乎在自然环境与政治组织之间存在着一种如此明显的联系,以致不值得去加以说明;特别当我们注意到在整个俄罗斯平原上一个寒冷的冬天对应着一个酷热的夏天,人们的生存条件因而更加一致时,更有这种感觉。然而像在《牛津地图集》(*Oxford Atlas*)中所包含的一系列历史地图,却会表明下列事实:不仅俄国欧洲部分与欧洲东部平原的范围大体一致只是最近一百年左右的事情,而且在整个较早的时代,都不断地一再表明在政治组合上存在着完全是另一种的倾向。两组邦国通常把俄国分成北方和南方两个政治体系。事实上,地形图并不表现直到最近还在支配俄国人迁移和定居的那一特殊的自然差别。当大平原上冬天的雪幕向北消退时,接踵而来的是雨水,最大雨量在黑海沿岸出现在5月和6月,在波罗的海和白海附近则推迟到7月和8月。南部的晚夏是一个干旱时期。作为这种气候"体系"下的后果是,北部和西北部为仅被沼泽分隔的森林带;南部和东南部是一望无际的禾草草原,仅仅在河流两岸才长着树木。分隔这两个区域的界线,从喀尔巴阡山脉北端向北—

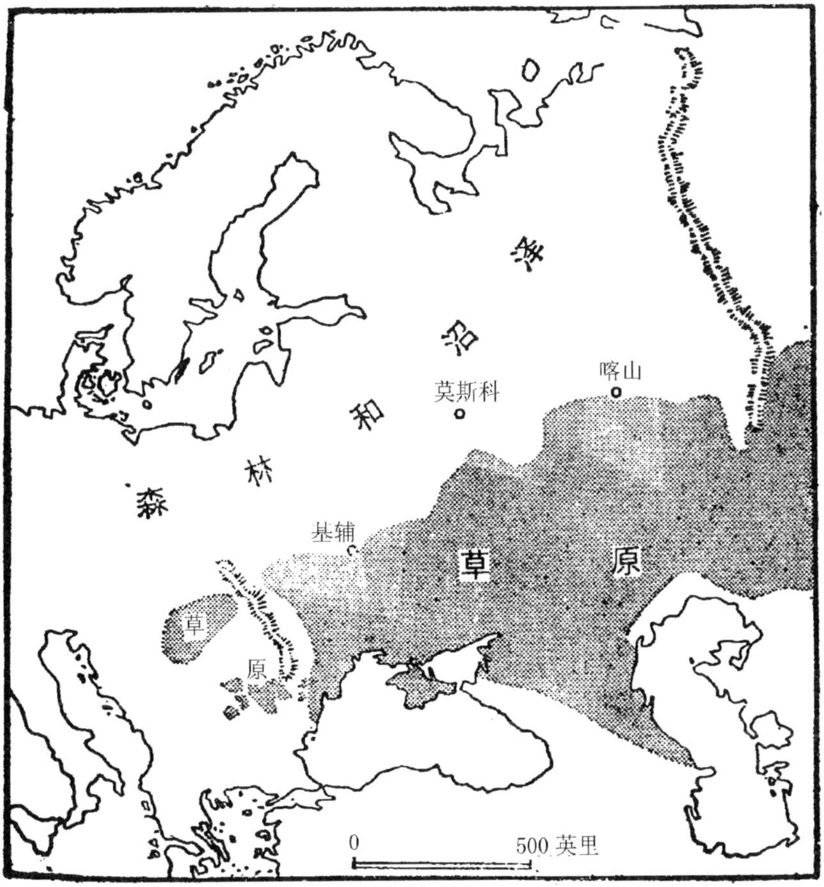

图1　十九世纪以前的东欧

据《贝格豪斯自然地图集》(Berghaus' Physical Atlas)中特鲁德(Drude)所绘

东斜伸到距乌拉尔山南端近于其北端的一个地点。莫斯科位于这条界线以北不远处,或者换一句话说,位于森林这一边。在俄国境外,这条大森林带的界线向西延伸,差不多恰好穿过欧洲地峡的中心;这条地峡横贯在波罗的海与黑海之间,长八百英里。更往西,在欧洲半岛的北部,森林伸展穿过德国平原;而其南部的草地则绕

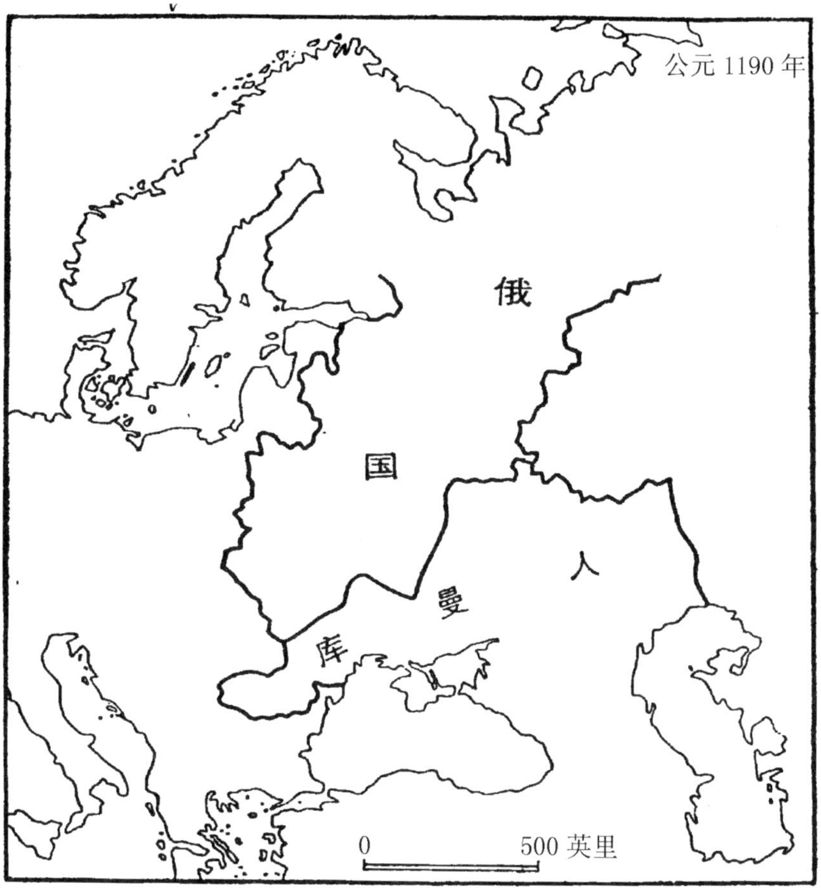

图 2　第三次十字军东征时东欧的政区
据《牛津历史地图集》(The Oxford Historical Atlas)

过喀尔巴阡山巨大的特兰西瓦尼亚棱堡，并沿多瑙河向其上游延伸，穿过现在罗马尼亚的麦田后到达铁门。当地人称为普斯塔斯[①]，现在大部分已经开垦的一片孤立草原，处于被围绕在喀尔巴

① 普斯塔斯(Pusstas)，意即草原。——译者

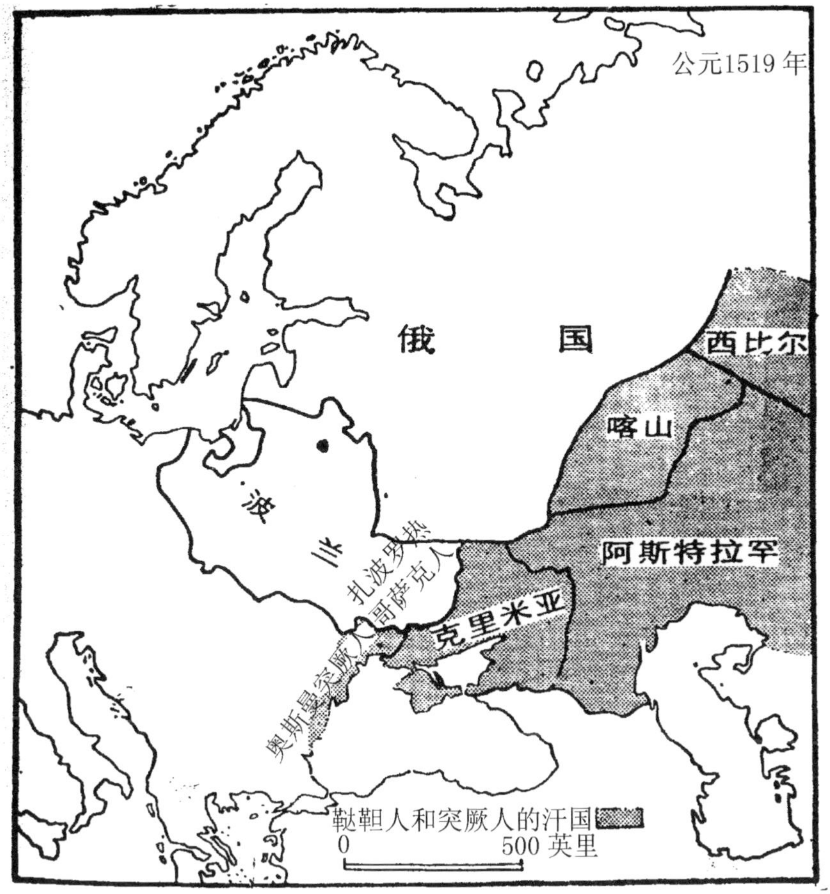

图 3　查理五世即位时东欧的政区
据《牛津历史地图集》(The Oxford Historical Atlas)

阡山和阿尔卑斯山多树林的边缘中间的匈牙利平原。整个俄国西部除了遥远的北方以外,森林的清除、沼泽的排水和草原的开垦,最近已经使景观特征趋于平齐,在很大程度上消灭了从前对人类具有很大强制力的差异。

早年的俄国和波兰完全是在林中空地立国的。另一方面,在

从五世纪到十六世纪的全部时期中，图兰语系的游牧民族——匈奴人、阿瓦尔人、保加利亚人、马扎尔人、哈扎尔人、帕济纳克人(Patzinak)、库曼人、蒙古人、卡尔梅克人从人们所不了解的亚洲内地，穿越草原，通过乌拉尔山与里海之间的隘口，令人惊异地接踵而至。在阿提拉[①]领导下，匈奴人在草原带最远的多瑙河流域的外围普斯塔斯中部站稳了脚跟，并由此向北、向西、向南出击欧洲的各定居民族。近代史的一大部分，可以看成是对这些袭击所直接或间接引起的变化的注释。盎格罗－撒克逊人很可能是在那时被驱赶过海，在不列颠岛上建立英格兰的。法兰克人、哥特人和罗马帝国各省的居民被迫第一次在夏龙战场并肩战斗，进行反对亚洲人的共同事业；他们不自觉地结合成近代的法国。威尼斯是从阿奎利亚和帕多瓦的废墟上建立起来的。甚至教皇统治的决定性威望，也得自教皇利奥与阿提拉在米兰的调停成功。这些就是一群冷酷无情而又无理想的牧民，扫过无障碍的平原所产生的收获，也是巨大的亚洲铁锤任意打击这一空旷空间的成果。紧接着匈奴人而至的是阿瓦尔人。奥地利正是作为抵抗这些人的边境地带而建立的，维也纳要塞则是夏尔曼尼(Charlemagne)战役的产物。又继之而来的是马扎尔人，由于他们从在匈牙利的草原基地不断出击，使奥地利作为前哨地点的意义增加了，从而也把日耳曼人的政治中心向东吸引到这个区域的边缘地带。保加利亚人在多瑙河以

① 阿提拉(Attila，约406—453)，匈奴帝国(433—453)国王，在位时占有里海至波罗的海和莱茵河间广大地区，公元451年率军越过莱茵河，攻掠高卢，发生夏龙之战，败退。翌年侵入意大利北部。453年返回他的根据地今匈牙利，病死，匈奴帝国即瓦解。——译者

南建立了一个统治的特权阶级，并且在地图上留下了他们的名称，虽然他们的语言屈从于被他们征服的斯拉夫臣民。对俄罗斯草原本部占领时间最长、最有效的，也许要算哈扎尔人了，他们是伟大的萨拉森[①]运动的同时代人；阿拉伯地理学家就把里海称作哈扎尔海。然而，在最后，新的游牧民族从蒙古来到了，北部森林带的俄国，作为蒙古钦察汗国或"草原汗国"（the Steppe）的属国达两个世纪之久。在欧洲的其余部分迅速前进的时候，俄罗斯的发展却因此而耽误和偏离。

应当注意到，从森林带流入黑海和里海的河流穿过游牧民族的整个草原上的道路，而且不时地有着与骑马人的运动成直角的、沿着河流的暂时性迁移。希腊基督教的传教士就是这样沿着第聂伯河上溯到基辅的，正如他们以前的北方瓦朗吉亚人[②]那样，沿着同一条河流下行到君士坦丁堡。在更早的时候，条顿族的哥特人曾一度出现在德涅斯特河畔，从波罗的海岸边，以同样的南—东方向横越过欧洲。但这些都是短暂的插曲，并不损伤比较广泛的概括的价值。在一千年内，一系列从亚洲兴起的骑马民族，穿过乌拉尔山和里海之间的宽广空隙，踏过俄罗斯南部开阔的原野，取得了欧洲半岛的中心匈牙利；由于反对他们这一需要，于是形成了周围的每一个伟大民族——俄罗斯人、日耳曼人、法兰西人、意大利人和拜占庭希腊人的历史。他们所以激发了健康的和强有力的反应，而不是在一种普遍的专制主义下粉碎反抗，是由于这一事实：

① 萨拉森人（Saracen）是阿拉伯人的古称，十字军东征时的伊斯兰教徒。——译者

② 瓦朗吉亚人（Varangians），中世纪时对斯堪的纳维亚居民的称呼。——译者

他们适应草原条件的力量的机动性,不得不在周围的森林和山脉中停止。

一支可以匹敌的机动力量是驾着船只的维金人。他们从斯堪的纳维亚来到欧洲的南部和北部海岸,沿着水道深入内陆。但是他们的活动范围是有限的,因为一般说来,他们的力量只在水域附近才发生作用。这样,欧洲的定居民族就被夹在两种压力之间——从东方来的亚洲游牧民族和另外三个方面从海上来的海盗。从本质上说,没有一种压力是势不可挡的,因而两者都是刺激的力量。值得注意的是,斯堪的纳维亚人构成的影响,在意义上仅次于游牧民族的影响,因为在他们的攻击下,英国和法国都作了长期的走向统一的努力,而意大利的统一却被他们破坏了。在以前,罗马帝国曾经利用它的道路来动员它的定居民族的力量,但罗马的道路已经毁坏了,在十八世纪以前一直没有恢复。

看来,即使是匈奴人的入侵也绝不是亚洲人入侵的第一次。荷马和希罗多德所叙述的西徐亚人饮母马的奶,显然实行着同样的生活技艺,可能是与后来的草原居民属于同一个种族。一些河流名称中的凯尔特语成分,如顿河(*Don*)、顿涅茨河(*Don*etz)、第聂伯河(*Dn*eiper)、德涅斯特河(*Dn*eister)和多瑙河(*Dan*ube),也许可能表明它们是虽非同一种族,却有类似习惯的民族的通道。但像以后的哥特人和瓦朗吉亚人那样,凯尔特人只是来自北方的森林带,也不是不可能的。然而,被人类学家称作短头人的这一巨大人口楔子,从短头人的亚洲被驱赶向西,穿过中欧而进入法国,显然是侵入到北部、西部和南部的长头人之间,而且很有可能来源于亚洲[①]。

然而,亚洲人对欧洲影响的全部意义,我们在十五世纪蒙古人入侵之前是没有认识的。但在我们分析涉及这些意义的主要事实以前,需要把我们的地理视野从欧洲移开,以便整体地考虑一下旧大陆。显然,由于雨水来源于海洋,最大陆块的中央部分可能相对干燥些。所以,我们就不会对发现这点感到惊异:全世界三分之二的人口集中在这块最大的大陆边缘比较小的各个地区内——在欧洲是大西洋的旁边,在印度和中国是印度洋和太平洋沿岸。一条由于实际上没有雨量而几乎无人居住的辽阔地带,如撒哈拉,横贯整个北非,并延伸入阿拉伯半岛。中非和南非在大部分的历史时期中和美洲及澳大利亚一样,差不多是与欧洲及亚洲完全分隔的。实际上,欧洲的南界过去和现在都是撒哈拉,而不是地中海;因为正是沙漠才把黑人与白人分开的。这样,包括在大洋和沙漠之间这块连续的欧亚陆块,估计面积有二千一百万平方英里(如果我们不算撒哈拉沙漠和阿拉伯沙漠的话),或者说占地球全部陆地的一半。还有许多块孤立的沙漠散布在亚洲各地,从叙利亚和波斯向东北延伸到满洲,但没有可与撒哈拉相比的如此连续的空地。另一方面,欧亚大陆以有十分引人注目的水系分布为特色。它的中部和北部广大地区内的所有河流,从人们与外部世界的交通这种意义上看,实际上毫无用处。伏尔加河、奥克苏斯河和贾沙特斯河(Jaxartes)流入盐湖,鄂毕河、叶尼塞河和勒拿河流入北方冰冻

① 参看《欧洲的种族》(*The Races of Europe* by Professor W. Z. Ripley, Kegan Paul, 1900)。

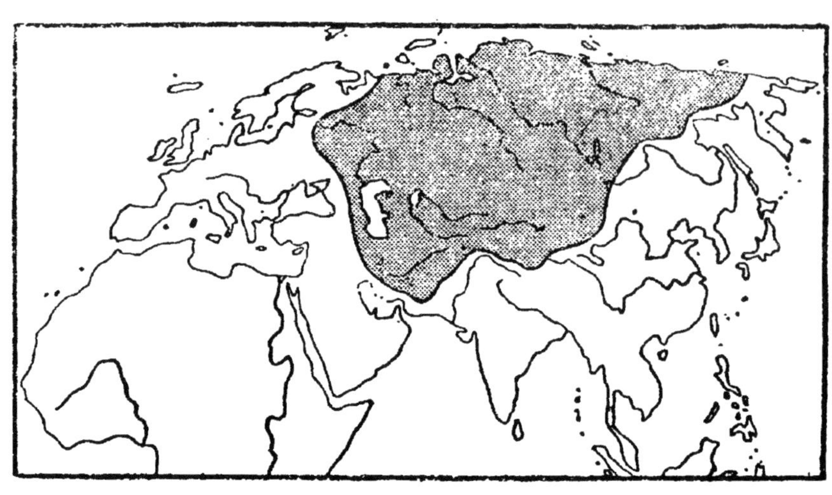

图4　欧亚大陆和北极的水系
（等积投影）

的海洋。它们是世界最大河流中的六条河流。上述地区内还有许多较小、但仍然值得重视的河流，如塔里木河和赫尔曼德河，它们也同样不流入海洋。这样，欧亚大陆的核心虽然点缀着一块块沙漠，整个说来是一个草原地带，提供了一个广阔的即使通常并不丰美的牧场；这里有不少由河流哺育的绿洲，但全是不能从海洋经河道深入的地区。换句话说，在这片广大地区内，有着可以维持稀少的，但总计起来还是数量可观的骑马或骑骆驼的游牧民族的全部条件。他们的领域北以广阔的亚极地森林和沼泽地带为界，那里气候太冷，除掉东端和西端以外，不宜农业聚落的发展。在东部，森林带向南延伸直到阿穆尔地和满洲的太平洋。西部的情况类似；在史前时期的欧洲，森林是占优势的植被。这样，在东北、北和西北方都有框限的草原，从匈牙利的普斯塔斯到满洲的小戈壁（Little Gobi），绵延达四千英里；除掉最西端以外，没有可以接近海洋的河流穿过草原。因为我们可能忽略最近在鄂毕河口和叶尼塞河口对贸易所作的努力。在欧洲、西西伯利亚和西土耳其斯坦,草原的地势很低,有些地方低于海平面。再向东到蒙古,草原延伸在高原上,但是从一个高度到另一个高度的通道,越过干旱的心脏地带中裸露而没有陡崖的较低山地,几乎没有困难。

终于在十四世纪中叶,袭击欧洲的游牧民族,在三千英里以外蒙古高原草地上集结起第一批部队。可是蹂躏波兰、西里西亚、摩拉维亚、匈牙利、克罗地亚和塞尔维亚好几年的这场浩劫,不过是与成吉思汗名字连在一起的东方游牧民族巨大搅动的最遥远、最瞬息的后果。当金帐帝国占领从咸海经乌拉尔山脉与里海之间的通道,到喀尔巴阡山麓的钦察草原时,另一群游牧部落从里海和兴都库什山之间,向西南下到波斯、美索不达米亚,甚至侵入到叙利亚,建立了伊勒汗国的统治。第三支随后攻入中国北部,征服了中国。印度、蛮子(Mangi)[①](或中国南部)一度受到举世无双的西藏屏障的保护;这一屏障的功效,除掉撒哈拉沙漠和极地冰块以外,在世界上或许是无与伦比的。但到后来,在蛮子的马可·波罗时代和印度的帖木儿[②]时代,这个屏障被绕道克服了。这样,就出现了下列情况:在这一典型的、记录详明的事例中,旧大陆所有定居的边缘地带,或先或后地都感觉到来自草原的机动力量的扩张势力。俄国、波斯、印度和中国,不是成立蒙古王朝,就是它的属国;

① 系对南宋政府的蔑称。——译者

② 帖木儿(Tamerlane,1336—1405),帖木儿帝国的创立者,兴起于撒马尔罕,自称成吉思汗继承者,征服波斯、花剌子模等地先后侵入伊拉克、俄罗斯、印度,焚掠德里。1405年(明永乐三年)率兵二十万,拟东侵中国,途中病死罢兵。——译者

甚至突厥人在小亚细亚先后建立的政权，也覆灭达半个世纪之久。

欧亚大陆其他的边缘地带，也像欧洲的情况一样，有着早期的入侵记录。中国不止一次地屈从于从北方来的征服者，印度则多次被来自西北方的征服者征服。然而，就波斯说，在早期的入侵中，至少有一次对西方文明史有着特殊的意义。在蒙古人出现以前的三四百年，从中亚崛起的塞尔柱突厥人沿着这条道路蹂躏了我们可以称之为五海地区——里海、黑海、地中海、红海和波斯海的广大地域。他们在克尔曼、在哈马丹和小亚细亚站稳脚跟，并推翻了巴格达和大马士革的萨拉森人统治。表面上是为了惩罚他们对耶路撒冷基督徒朝圣者的虐待，基督教世界进行了一系列大规模的总称为十字军东征的战争。虽然这些战争没有达到它们的直接目的，但是它们如此地搅动欧洲和团结了欧洲，以致我们可以把十字军东征看作近代史的开端——这是由反抗来自亚洲心脏地带的压力的需要，所激发起来的欧洲发展的另一个突出的例子。

我们现在谈到的欧亚大陆的概念，是一块连续的陆地，北部为冰块围绕，其他三面为水域包围，面积为二千一百万平方英里，或者说等于北美洲面积的三倍以上。这块陆地的中部和北部，估计约有九百万平方英里，或者为欧洲面积的二倍以上，没有可以利用的通到海洋的水道，但是另一方面，除掉亚极地森林以外，一般说来十分适合骑马和骑骆驼民族的机动性。这个心脏地带的东面、南面和西面是呈巨大新月形的边缘地区，由海路可以到达。根据自然形态，它们可分为四个区域，而且不是不值得注意的，是它们，一般地说分别与四大宗教——佛教、婆罗门教、伊斯兰教和基督教的领域相一致。前两个区在季风地带，一个面向太平洋，另一个面向印度洋。第四个区是欧洲,得到从西面来的大西洋雨水的滋润。这三个区加在一起,面积不足七百万平方英里,拥有十亿以上或全世界三分之二的人口。第三个区与五海地带或者更常说的近东地区一致,它在很大程度上因靠近非洲而缺少水分,因而除绿洲外,居民稀少。在某种程度上说,它兼有欧亚大陆边缘带和中心区的一部分特征。这个地区基本上缺乏森林,分布着小块沙漠,因而适于游牧民族的行动。然而,它主要是一个边缘区,因为它的各个海湾和通海的河流对海上强国是敞开的,并且允许从这里施加海上威力。其结果,在整个历史上,这里周期地出现以巴比伦和埃及的巨大绿洲农业人口为基础、本质上属于边缘系列的帝国,并以畅通的水上交通与印度和地中海地区的文明世界相联系。但是,正如我们应当想到的那样,这些帝国遭受了无比的一系列剧烈变革,有些是由于从中亚来的西徐亚人、突厥人和蒙古人的袭击;另一些则因为地中海地区的各民族,努力要获得从西大洋到东大洋边的陆上通道。这里是早期文明地带中最脆弱的地点,因为苏伊士地峡把制海权分成东西两部分,而从中亚延伸到波斯湾的波斯干旱荒原,使游牧势力总有机会打到那一片把东面的印度、中国与另一面的地中海世界分隔开来的大洋边缘。每当巴比伦、叙利亚和埃及绿洲的守备薄弱的时候,草原民族就可以把开阔的伊朗高原和小亚细亚作为前进的据点,从那里穿过旁遮普而进入印度,经过叙利亚而攻入埃及,越过博斯普鲁斯和达达尼尔的断桥而进入匈牙利,维也纳地当欧洲内地的入口处,抗阻着从两方面——直接穿过俄罗斯草原与绕道黑海、里海以南而来的游牧民族的袭击。

这里,我们已经说明了萨拉森人和突厥人在控制近东上的主

要区别。萨拉森人是闪族的一个支系,主要是幼发拉底河和尼罗河流域,以及低亚小块绿洲中的各民族。他们利用他们的土地所许可的两种机动力量——一种是马和骆驼,另一种是船只——建立了一个伟大的帝国。在不同的时代里,他们的舰队既控制了远达西班牙的地中海,也控制了直到马来群岛的印度洋。从他们介于东西两大洋之间的战略中心位置出发,他们企图仿效亚历山大和抢在拿破仑之前,征服旧大陆的全部边缘地区。他们甚至能够威胁草原地带。毁灭萨拉森文明的突厥人是从闭塞的亚洲心脏地带来的图兰人异教徒,他们与来自阿拉伯半岛以及欧洲、印度和中国的人都截然不同。

海洋上的机动性,是大陆心脏地带的马和骆驼的机动性的天然敌手。正是在入海河流航运的基础上,建立起河流阶段的文明,如扬子江畔的中国文明、恒河畔的印度文明、幼发拉底河畔的巴比伦文明、尼罗河畔的埃及文明。正是在地中海航运的基础上,建立起称作海洋阶段的文明,如希腊和罗马的文明。萨拉森人和维金人是靠近岸航行来掌握统治权的。

发现通向印度的好望角航路这一事件的极其重要成果,是把欧亚大陆东西海岸的航行连接起来,即使这是一条迂回的路线;从而在某种程度上,由于压迫草原游牧民族的后方而抵消了他们中心位置的战略优势。由哥伦布一代的伟大航海家们开始的变革,赋予基督教世界以最广大的除飞翔以外的活动能力。这个单一、连续的包围分散的岛状陆地的海洋,当然是制海权最终统一的地理条件,也是马汉(Mahan)船长和斯潘塞·威尔金森先生等这些作家们所阐述的当代海军战略及政策的全部理论的地理条件。主要的政治效果是把欧洲与亚洲的关系颠倒过来，因为在中世纪时，欧洲被关在南面不可逾越的沙漠、西面无边莫测的大洋，和北面、东北面冰或森林覆盖的荒原之间，而东面和东南面又经常受到骑马和骑骆驼民族的优势机动性的威胁。欧洲现在出现在世界上，它能到达的海域和沿海陆地增加了三十倍以上，它的势力包围着至今一直在威胁它本身生存的欧亚陆上强国。在水域中间发现的空旷土地上，创造了许多新的欧洲，对于欧亚大陆来说，现在的美洲和澳洲，甚至在某种程度上说，撒哈拉外侧的非洲，就是以前欧洲的不列颠和斯堪的纳维亚。英国、加拿大、美国、南非、澳大利亚和日本，现在是制海权和商业上的一连串外围岛屿基地，它们是欧亚大陆陆上强国难以到达的地方。

但是陆上强国依然存在，而且最近的一些事件再次增加了它的重要性。当西欧的航海民族以他们的舰队控制海洋，在各大陆的外缘定居，并在不同程度上把亚洲的海洋边缘区变成属地时，俄国组织起哥萨克人从北部森林地带出现了，部署它自己的游牧民族来对抗鞑靼游牧民族，从而管辖了草原区。都铎[①]世纪曾经目击西欧在海洋上的扩张，也看到了俄国的势力从莫斯科穿过西伯利亚。哥萨克骑兵席卷亚洲的向东猛扑，差不多和绕道好望角一样孕育着巨大的政治后果。虽然这两项活动是长期分隔的。

这大概是历史上最惊人的巧合之一：在某种意义上说，欧洲的向海和向陆的扩张，应该认为是古代罗马和希腊之间对抗的继续。在造成意义深远的这一点上，几乎没有哪些重大的失败能比得上

① 英国历史上1485—1603年的王朝。——译者

罗马在使希腊人拉丁化上的失败了。条顿族得到罗马人的文明化和基督教化,而斯拉夫族则主要受惠于希腊人。后来乘船下海的是罗马-条顿人,而践踏草原、征服图兰人的则是希腊-斯拉夫人。因此,现代的陆上强国与海上强国,在思想根源上的差异不少于机动性上的物质条件的差异①。

追随在哥萨克人之后的俄国,从它以前隐居的北方森林中安全地走了出来。在上一世纪中,欧洲发生的本质上最重要的变化,也许是俄国农民的向南迁移;以前,农业聚落终止于森林的边界,而现在整个欧洲俄国的人口中心,已位于森林边界以南的取代更西面草原的麦田中间。敖德萨以一个美国城市的速度,从这里崛起成为重要的城市。

在一个世纪以前,蒸汽机和苏伊士运河的出现,增加了海上强国相对于陆上强国的机动性。铁路的作用主要是远洋贸易的供应者,但是现在横贯大陆的铁路改变了陆上强国的状况;铁路在任何地方都没有像在闭塞的欧亚心脏地带,像在没有木材或不能得到石块修筑公路的广大地区内所发挥的这种效果。铁路在草原上创造了更加伟大的奇迹,因为它直接代替了马和骆驼的机动性;发展公路的阶段在这里被省掉了。

在商业方面,我们不应该忘记海洋运输虽然比较便宜,但通常

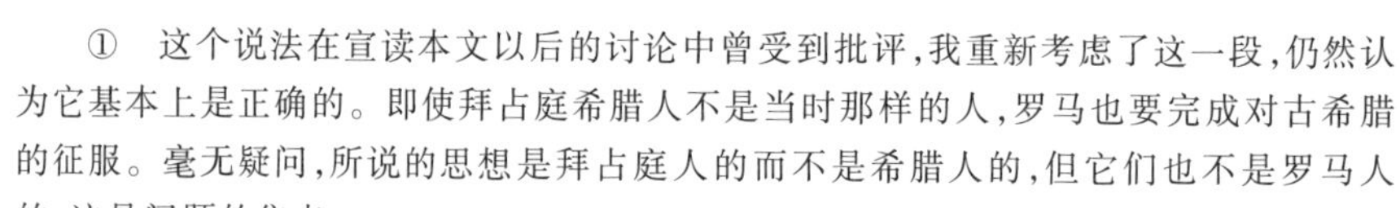

① 这个说法在宣读本文以后的讨论中曾受到批评,我重新考虑了这一段,仍然认为它基本上是正确的。即使拜占庭希腊人不是当时那样的人,罗马也要完成对古希腊的征服。毫无疑问,所说的思想是拜占庭人的而不是希腊人的,但它们也不是罗马人的,这是问题的焦点。

要包括四次装卸货物的工序——在货源的工厂、出口码头、进口码头和供零售商批发的内陆仓库;而陆上的铁路货车可以直接从输出的工厂开到输入的仓库。因此,边缘区的远洋贸易(在其他事项相同的情况下)就趋向于在大陆周围形成一个渗透带,它的内界大致以这一线为标志:即在这条线上,四次装卸费、海运费和从邻近海岸来的铁路运费,相等于两次装卸费和陆上铁路货运费之和。英国和德国的煤,据说就是在这种条件下途经伦巴第[①]而相互竞争的。

俄国的铁路从西端维尔巴伦(Wirballen)到东端符拉迪沃斯托克,整整长达六千英里。正如过去英国在南非的驻军证明它是海上强国一样,俄国目前在满洲的军队也证明它是机动的陆上强国。诚然,横贯西伯利亚的铁路仍然是一条单一的和不安全的交通线,但是在本世纪结束以前,整个亚洲将会布满了铁路。在俄罗斯帝国和蒙古境内的空间如此辽阔,他们在人口、小麦、棉花、燃料和金属方面的潜力如此巨大,一个多少有些分隔的广阔的经济世界将在那里发展起来,远洋通商将被拒于门外,这是必然的。

当我们考虑对这个广阔的历史潮流所作的迅速回顾时,不是觉得明显地存在着某种地理关系的持续性吗?欧亚大陆上那一片广大的、船舶不能到达、但在古代却任凭骑马牧民纵横驰骋,而今天又即将布满铁路的地区,不是世界政治的一个枢纽区域吗?那里从古到今,一直拥有适合一种具有深远影响而又局限性质的军

① 伦巴第在意大利境内。——译者

事和经济力量的机动性的各种条件。现在俄国取代了蒙古帝国。它对芬兰、斯堪的纳维亚、波兰、土耳其、波斯、印度和中国的压力取代了草原人的向外出击。在全世界，它占领了原由德国掌握的在欧洲的中心战略地位。除掉北方以外，它能向各方面出击，也能受到来自各方的攻击。它的现代铁路机动性的充分发展，只是一个时间问题而已。任何可能的社会变革，似乎都不会改变它和它的生存的巨大地理界线之间的基本关系。它的统治者明智地看到它的力量的局限性，所以放弃了阿拉斯加，因为对俄国来说，不在海外占有领土，和英国必须拥有海上优势一样，是一条政策的守则。

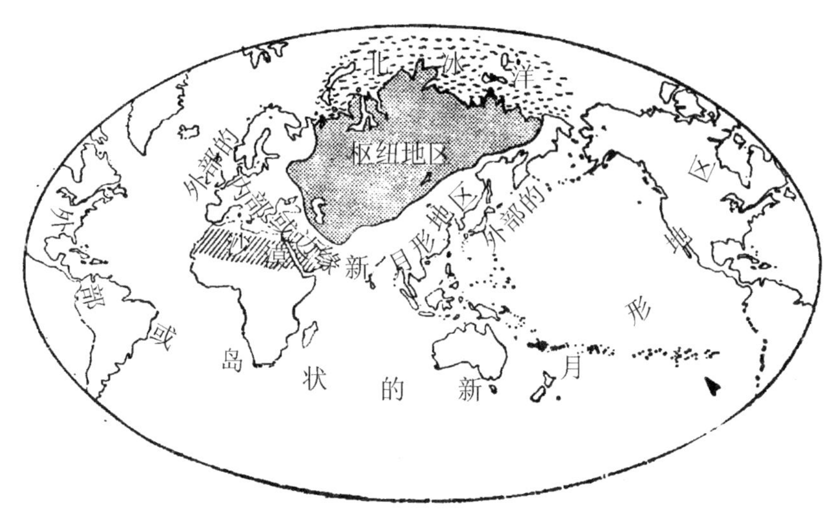

图 5　力量的自然位置

枢纽地区：全部是大陆的

外新月形地区：全部是海洋的

内新月形地区：部分是大陆的，部分是海洋的

枢纽以外地区，在一个巨大的内新月形地区中，有德国、奥地

利、土耳其、印度和中国;在外新月形地区中,有英国、南非、澳大利亚、美国、加拿大和日本。在当前的力量对比的状况下,枢纽国家俄国与周围的国家不对等,有一个让法国来充当平衡物的位置。美国最近已成为一个东方强国,它不是直接地,而是通过俄国来影响欧洲的力量对比,而且它将修建巴拿马运河,以便使它的密西西比河流域和大西洋沿岸的资源能用于太平洋上。从这个观点来看,大西洋才是东西方之间将来的真正分界线。

枢纽国家向欧亚大陆边缘地区的扩张,使力量对比转过来对它有利,这将使它能够利用巨大的大陆资源来建立舰队,那时这个世界帝国也就在望了。如果德国与俄国结盟,这种情况就可能发生。因此,这样一种事态的威胁,必将推动法国与海上强国联盟,于是法国、意大利、埃及、印度和朝鲜就会成为这么多的桥头堡,外部的海军可以从这些桥头堡支持陆上部队来迫使枢纽联盟也部署陆上部队,从而阻止他们集中全力去建立舰队。同这一情况相比,以前威灵顿[①]在伊比利亚半岛战争中,利用托雷斯维德拉斯的海军基地所取得的成就,就是小规模的了。难道这不能够最终证明印度在大英帝国体系中的战略作用吗?难道这不是艾默里先生的"英国军事前线从好望角经过印度伸展到日本"这一概念的思想基础吗?

南美洲巨大潜力的开发,可能对这个体系产生决定性的影响。它们可以加强美国的实力,或者,在另一方面,如果德国向门罗主

① 威灵顿(A. W. Wellington,1769—1852),英国将军及政治家。——译者

义挑战而取得成功的话，那么它们就可能使柏林与那个我也许可以称之为枢纽的国家分开。进入对比的力量的这种特殊的组合，现在不是实体的；我的论点是从地理观点看，它们很可能围绕着枢纽国家旋转，枢纽国家很可能是强大的，但与周围的边缘和岛屿强国相比，只有有限的机动能力。

我是以一个地理学家的身份来讲这番话的。在任何特定时间里政治力量的实际对比，当然一方面是地理条件——既有经济的又有战略的，另一方面也是对抗双方国民的相对数量、活力、装备和组织的乘积。随着对这些数量正确估计程度的提高，我们可能不必诉诸武力去调整差异。在计算时，地理的数量比起人文的数量来可以更好地测定，更接近于稳定不变。因此，我们应当期望能找到既可用于过去历史、也可用于当前政策的公式。各个时代的社会运动，基本上都是围绕着相同的自然特征进行的，因为我怀疑亚洲和非洲的逐渐干燥——即使已被证明——是否在历史时期内已经重大地改变了人类的环境。在我看来，“帝国向西进军”一语是边缘强国围绕着枢纽地区的西南和西部边缘的一次短暂的旋转。近东、中东和远东的问题，与在边缘新月形这些部分的内部和外部强国的不稳定平衡有关，目前，那一带的当地力量或多或少地是无足轻重的。

最后，可以很明确地指出：某一新的力量代替俄国对这片内陆地区的控制，将不会降低这一枢纽位置的意义。例如，假如中国被日本组织起来去推翻俄罗斯帝国，并征服它的领土的话，那时就会因为他们将面临海洋的优越地位和把巨大的大陆资源加到一

起——这是占有枢纽地区的俄国人现在还没有到手的有利条件，构成对世界自由威胁的黄祸①。

① 黄祸(Yellow peril)，此词在一般意义上是指黄种人对西方的威胁，有些西方的政客和新闻记者有时用此词特指我国，进行攻击。麦金德发表这一篇演说时在1904年，中国正处在生死存亡的危急关头。1900年八国联军侵占北京，1901年清政府与德、英、日、俄等十一国订立《辛丑条约》。在麦金德发表这一演说以后不到一个月，日俄两国就发生了为重新分割中国东北和朝鲜的一场帝国主义战争，主要战场在我国东北境内。在麦金德看来，中国将被日本鲸吞，因而说出了“中国被日本组织起来”的话，并据以作出他的“立论”。——译者